事例に学ぶ
刑事弁護入門
【補訂版】　弁護方針完結の思考と実務

弁護士 宮村啓太 [著]

発行 民事法研究会

補訂版はしがき

　はやいもので初版の出版から5年が経過した。

　この5年の間にも、刑事司法は大きな変革を遂げてきた。証拠一覧表交付制度や刑の一部執行猶予制度を導入する改正法が施行され、取調べの録音・録画の運用は、検察官による取調べのみならず警察官による取調べでも広がってきた。今回の補訂版では、現時点までに施行された法改正の内容を条文の修正やコラムの追加によって反映させることとした。

　今後も、いわゆる協議・合意制度や刑事免責制度の導入、被疑者国選弁護制度の対象拡大、さらには取調べの録音・録画制度の法制化に関する改正法が順次施行されていく。それに伴い、刑事弁護もさらに大きな変革を遂げていくことになる。刑事弁護に携わる弁護士は、今後も常に調査と研究を続けていく必要があるだろう。

　また、私自身は、この5年間にもさまざまな事件を担当し、厳しい局面に直面するたびに、基本的な弁護活動の重要性を痛感し続けてきた。忙しくなるとつい、時間のかかる作業を省く誘惑に駆られてしまうかもしれない。しかし、無駄に終わることを恐れることなく、現場に何度でも足を運び、証拠物はすべて閲覧し、謄写した証拠書類を隅々まで検討し、状況に変化がないかもしれなくても迷ったら接見に行く、そのような丹念な活動の積み重ねこそが、求める結論を得るために重要である。

　本書で確認する刑事弁護の基本が、皆さんの依頼者の権利・利益の擁護につながることを願っている。

　平成29年12月

弁護士　宮　村　啓　太

は　し　が　き

　これまでにさまざまな刑事事件にめぐりあい、また、尊敬する刑事弁護士から指導と助言を受ける機会にも恵まれてきた。弁護士登録をして10年目になるのを機に、これまでの経験を一度まとめておきたいと考えていたところ、幸運にも本書執筆の機会をいただくことができた。

　まず、第1編では、刑事弁護の現場をみるのに先立って、弁護人の基本的義務と近時の刑事訴訟実務の変化の兆しなどを確認している。

　そして、本書のメインは第2編である。4件のモデルケース（起訴前・起訴後各2件）を題材にして、事件を受任してから解決に至るまでの弁護活動を時系列に沿って解説している。各ケースで特に着目すべきポイントは、冒頭の「注視すべき点」をご参照いただきたい。各ケースで示した思考と活動のプロセスは、読者の皆さんが同様の課題に直面した際にも参考になるだろう。

　最後に、第3編では、特に弁護人と依頼者の関係に着目して、弁護活動を進めるにあたっての留意点をQ&A形式でまとめた。

　弁護士職務基本規程46条は、われわれに、依頼者の権利および利益を擁護する「最善の弁護活動」に努める義務を課している。国家の圧倒的な強制捜査権限にさらされている依頼者の権利および利益を擁護するためには、知識、経験、そして「絶対に依頼者を守り抜く」という情熱が必要不可欠である。本書が、知識と情熱に溢れる若手弁護士・司法修習生・法科大学院生の皆さんが経験を補うための一助になれば幸いである。

　末筆であるが、本書を執筆する機会をくださり、また私の筆の遅さに辛抱強くお付き合いくださった民事法研究会の安倍雄一氏に心より厚くお礼を申し上げる。

　　平成24年9月

弁護士　宮　村　啓　太

目 次

第1編 刑事弁護の基礎

- I 弁護人の基本的義務 …………………………………………2
  - 1 守秘義務 ………………………………………………2
  - 2 刑事弁護の最善努力義務 ………………………………4
- II 迅速な弁護活動の必要性 ……………………………………5
- III 裁判員制度を契機とした変化の兆し ………………………6
  - 1 かつて「絶望的」といわれた刑事裁判実務 ……………6
  - 2 刑事裁判実務における変化の兆し ………………………7
  - 3 「最善」の弁護を実践することのさらなる重要性 ………9

第2編 刑事弁護の現場
――モデルケースを素材として

第1章 自白事件の起訴前弁護活動――器物損壊被疑事件 ………12

- I 当番弁護士の出動要請 ………………………………………12
- II 注視すべき点 …………………………………………………13
- III 初回接見の準備 ………………………………………………13
  - 1 早期接見の必要性 ………………………………………13
  - 2 接見に行くための準備事項 ……………………………14
- IV 初回接見での留意点 …………………………………………15
  - 1 初回接見で最初に行うべきこと ………………………15

2　初回接見で伝えるべき事項……………………………………15
　　3　初回接見で聞き取るべき事項…………………………………16
　　4　初回接見における弁護人選任届と委任契約書の作成………19
Ⅴ　初回接見で聞き取った事実経過……………………………………20
Ⅵ　身体拘束を解くための弁護活動……………………………………21
　　1　勾留を回避する必要性…………………………………………21
　　2　刑事訴訟法上の勾留要件の確認………………………………22
　　3　〈Case①〉の勾留要件の検討…………………………………23
　　4　勾留請求・勾留質問のスケジュール確認……………………24
　　5　弁護活動のスケジュール確定…………………………………25
　　6　勾留要件の不存在を明らかにする資料の作成・収集………26
　　7　〈Case①〉における資料の作成・収集………………………27
　　【書式1】　被疑者の供述録取書（〈Case①〉）………………28
　　【書式2】　被疑者の家族の供述録取書（〈Case①〉）………29
　　8　検察官への意見書提出と面会申入れ…………………………33
　　【書式3】　勾留請求しないことを求める意見書（〈Case①〉）………33
　　9　勾留請求された後の対応………………………………………36
　　【書式4】　勾留請求の却下を求める意見書（〈Case①〉）………36
　　10　勾留された場合の対応…………………………………………38
　　【書式5】　勾留理由開示請求書（〈Case①〉）………………39
　　【書式6】　勾留の裁判に対する準抗告申立書（〈Case①〉）………40
Ⅶ　不起訴処分をめざす弁護活動………………………………………43
　　1　検察官による起訴・不起訴の判断事由………………………43
　　2　〈Case①〉の起訴前弁護活動の目標…………………………44
　　3　被害者との示談交渉に向けた準備……………………………44
　　4　〈Case①〉における示談交渉…………………………………46
　　【書式7】　示談書（〈Case①〉）………………………………48

|　　【書式8】　告訴取消書（〈Case ①〉）······················49
|　　5　検察官への告訴取消書の提出······························50
| Ⅷ　不起訴処分後の対応··50
|　　［参考書式1］　不起訴処分告知書の例·······················51
| Ⅸ　〈Case ①〉のポイント──勾留回避の重要性·····················51

第2章　否認事件の起訴前弁護活動──迷惑防止条例違反被疑事件··················53

| Ⅰ　依頼を受けた経緯··53
| Ⅱ　注視すべき点··53
| Ⅲ　初回接見での聞取り結果···54
|　　1　被疑者の言い分··54
|　　2　事実経過や取調べ状況などの聞取り結果···············54
| Ⅳ　取調べに関する初回接見時のアドバイスと弁護人がとるべき対応············57
|　　1　〈Case ②〉の逮捕初日の取調べ状況······················57
|　　2　明確で具体的なアドバイスの必要性······················59
|　　3　取調べ対応についての方針を検討する際の考慮要素·····59
|　　4　〈Case ②〉における方針の検討と被疑者へのアドバイス······61
|　　5　取調べ対応についてアドバイスをする際の留意点·····64
|　　6　被疑者ノートの差入れ···66
|　　7　取調べ全過程録画・録音の申入れ·························67
|　　【書式9】　検察官に対する取調べの全過程録画・録音申入書
　　　　　　　（〈Case ②〉）··68
| Ⅴ　初回接見における供述録取書の作成··························69
|　　1　当日の行動についての供述録取書の作成···············69
|　　2　男性・女性ともみ合いになった状況についての供述録取書の作成···69

【書式10】　被疑者の供述録取書（《Case ②》）……………………70
　　3　供述録取書への確定日付の取得……………………………………71
Ⅵ　勾留回避のための弁護活動……………………………………………72
Ⅶ　逮捕された現場の確認…………………………………………………73
　　1　現場を訪れることの重要性…………………………………………73
　　2　当時の状況を目撃した可能性のある関係者からの聞取り………73
　　3　防犯カメラの設置位置の確認と対応の検討………………………74
Ⅷ　第2回接見での被疑者とのやりとり…………………………………75
　　1　その後の取調べ状況…………………………………………………75
　　2　「認めたほうがよいのではないか」という被疑者との打合せ………76
　　3　防犯カメラに関する証拠保全請求についてのやりとり…………78
　　4　違法・不適正な取調べへの対応……………………………………78
　　　【書式11】　違法な取調べに対する抗議書…………………………79
Ⅸ　裁判所への証拠保全の請求……………………………………………80
　　1　第1回公判期日前の証拠保全請求の手続…………………………80
　　2　証拠保全請求書および疎明資料の作成と提出……………………82
　　　【書式12】　写真撮影報告書（《Case ②》）………………………82
　　　【書式13】　証拠保全請求書（《Case ②》）………………………83
　　3　証拠保全請求の却下決定……………………………………………86
　　　［参考書式2］　証拠保全請求却下決定書（《Case ②》）…………86
Ⅹ　勾留期間延長の裁判に対する準抗告申立て…………………………87
　　1　《Case ②》における勾留期間延長の裁判…………………………87
　　2　刑事訴訟法によって勾留期間の延長が認められる事由…………88
　　3　勾留状謄本交付請求による勾留期間延長理由の確認……………88
　　4　準抗告の申立て………………………………………………………89
　　　【書式14】　勾留期間延長の裁判に対する準抗告申立書
　　　　　　　　　（《Case ②》）……………………………………………89

5　準抗告審の決定 …………………………………………………91
　　［参考書式3］　勾留期間延長の裁判に対する準抗告に対する決定
　　　　　　　　　（〈Case ②〉） ………………………………………91
XI　検察官による不起訴処分 ……………………………………………93
XII　〈Case ②〉のポイント——無実の訴えを維持することの
　　困難さ …………………………………………………………………93

第3章　自白事件の起訴後弁護活動——覚せい剤取締法違反被告事件 …………95

I　受任の経緯 ……………………………………………………………95
II　注視すべき点 …………………………………………………………96
III　起訴状謄本の入手 ……………………………………………………96
IV　公訴事実と被告人からの聞取り結果 ………………………………96
　　1　公訴事実 …………………………………………………………96
　　2　公訴事実についての被告人からの聞取り結果 ………………97
V　保釈請求の検討 ………………………………………………………98
　　1　早期に身体拘束が解かれる必要性 ……………………………98
　　2　刑事訴訟法上の保釈要件の確認 ………………………………99
　　3　〈Case ③〉における保釈請求 …………………………………99
　　【書式15】　保釈請求書（〈Case ③〉） …………………………100
　　4　保釈請求書を提出した後の進行 ………………………………103
　　5　保釈許可決定書の受領とその後の対応 ………………………105
　　［参考書式4］　保釈許可決定書 …………………………………105
　　6　保釈請求が却下された場合の対応 ……………………………107
VI　検察官請求予定証拠の検討 …………………………………………108
　　1　検察官請求予定証拠の閲覧・謄写 ……………………………108
　　2　証拠書類の写しの被告人への交付とその際の留意点 ………108

Ⅶ 公判に向けた訴訟活動の準備 ……………………………………………109
  1 公判前整理手続に付されていない自白事件における公判の概要 ……109
  〔図1〕 公判の流れ（公判前整理手続に付されていない自白事件）…109
  2 公判における防御方針の検討 ……………………………………………111
  コラム 刑の一部執行猶予制度 ……………………………………………112
  3 冒頭手続への対応 …………………………………………………………113
  4 検察官の証拠調請求に関する意見の検討 ……………………………114
  5 弁護人からの証拠調請求の準備 ………………………………………117
  【書式16】 弁護人名義の報告書（〈Case ③〉）……………………………118
  【書式17】 証拠調請求書（〈Case ③〉）……………………………………119
  6 最終弁論の準備 ……………………………………………………………121
  7 被告人質問・最終陳述のリハーサル …………………………………121
  8 被告人の服装 ………………………………………………………………121
Ⅷ 第1回公判の進行 ……………………………………………………………122
Ⅸ 保釈されている被告人が判決宣告期日を迎える際の
  留意点 …………………………………………………………………………124
  1 実刑判決が宣告された場合の保釈失効 ………………………………124
  2 〈Case ③〉における対応 …………………………………………………125
  【書式18】 再度の保釈請求書（〈Case ③〉）………………………………126
Ⅹ 判決宣告 ………………………………………………………………………127
Ⅺ 判決謄本の交付請求 ………………………………………………………128
Ⅻ 〈Case ③〉のポイント──保釈を活かした情状弁護活動 ……128

第4章 否認事件の起訴後弁護活動──強盗致傷被告事件 ……129

Ⅰ 受任の経緯 …………………………………………………………………129
Ⅱ 注視すべき点 ………………………………………………………………129

Ⅲ 公訴事実……………………………………………………………130
　〔図2〕〈Case ④〉公訴事実……………………………………130
Ⅳ 丁野氏からの聞取り結果 ………………………………………131
Ⅴ 公判に向けた防御準備と公判前整理手続の進行……………132
　1 公判前整理手続を通じた目標…………………………………132
　コラム　公判前整理手続に付する請求権 ……………………132
　2 公判前整理手続の概要…………………………………………133
　〔図3〕　公判前整理手続の概要………………………………133
　3 裁判所・検察官との第1回打合せ……………………………134
　4 検察官からの証明予定事実記載書と証拠調請求書の提出 ……138
　［参考書式5］　検察官の証明予定事実記載書（〈Case ④〉）……139
　コラム　証拠一覧表交付制度 …………………………………144
　5 検察官に対する類型証拠開示請求（第1段階の証拠開示請求）……145
　【書式19】　類型証拠開示請求書（〈Case ④〉）………………147
　［参考書式6］　証拠開示請求に対する検察官の回答書
　　　　　　　（〈Case ④〉）………………………………………151
　6 証拠開示請求以外の方法による証拠収集・調査活動…………152
　【書式20】　弁護士法23条の2第1項による照会申出書
　　　　　　　（〈Case ④〉）………………………………………153
　7 防御方針の検討…………………………………………………154
　8 弁護人の予定主張記載書面の提出……………………………157
　【書式21】　予定主張記載書面（〈Case ④〉）…………………159
　9 検察官請求証拠に関する意見…………………………………161
　10 検察官に対する主張関連証拠開示請求
　　（第2段階の証拠開示請求）……………………………………164
　【書式22】　主張関連証拠開示請求書（〈Case ④〉）…………165
　11 弁護人からの証拠調請求………………………………………167

12　公判前整理手続期日への被告人の出席……………………173
　13　整理結果の確認・審理予定の策定…………………………174
　14　公判前整理手続中に申入れまたは確認をしておくべき事項………176
　　【書式23】　着席位置に関する申入書（《Case ④》）………………177
　　【書式24】　手錠・腰縄解除時期に関する申入書（《Case ④》）………178
Ⅵ　公判審理に向けた準備……………………………………………179
Ⅶ　《Case ④》のポイント――証拠開示請求権の活用……………182

第3編　刑事弁護Q&A

Ⅰ　刑事事件の受任………………………………………………………184
　Q1…………………………………………………………………………184
　　拘置所に勾留されている方から、「私選弁護を引き受けてほしい」との手紙が届いた。差出人と面識はない。新たな事件を受ける余裕はないので、そのまま手紙を放置してもよいだろうか。

　Q2…………………………………………………………………………184
　　顧問会社の社長から、「今朝、従業員が電車内で痴漢に間違われて逮捕されたようだ。早急に面会に行って彼を弁護してほしい」との電話があった。この事件の弁護を受任することは可能か。

　Q3…………………………………………………………………………187
　　夫が購入した覚せい剤を夫婦で使用したという覚せい剤取締法違反被疑事件について、夫から、「夫婦2人の弁護人になってほしい」との依頼があった。2人とも覚せい剤を使用したことを認めているが、夫は「妻が『私にもくれ』と言うから分けてあげた」と供述し、妻は「使いたくないのに夫から強引にすすめられ、断ると怒られるので使ってしまった」と供述しているようである。2人の弁護を同時に受任することは許されるか。

Ⅱ　受任後の弁護活動……………………………………………………189
　Q4…………………………………………………………………………189
　　傷害被疑事件の国選弁護を受任した。被疑者は20歳の男性であり、被

疑事実を認めているが、暴行に至った経緯や暴行態様について被害者の供述とくい違いがあるようだ。初回接見の後に勤務先の社長に会ったところ、「50万円までなら私が準備するので、今すぐ被害者と示談交渉をしてきてほしい。彼の将来のためには、細かい言い分にこだわらずに1日も早く釈放させたほうがいい」と言われた。被疑者の了解を得ることなく示談交渉を始めても問題はないか。

Q5 ··190

　被疑者から「毎日接見にきてほしい」と言われており、接見に行かないと、翌日には留置担当官から「被疑者が接見を希望している」との連絡がくる。被疑者の希望どおり毎日接見に行かなければならないか。

Q6 ··192

　被告人から「時間があるので前から読みたかった本を差し入れてほしい。普通の書店には売っていない本なので、古本屋街をまわって探してきてほしい」と依頼された。この依頼を受けなければならないか。

Q7 ··193

　共犯者とされるAとの共謀の成否が問題になっている否認事件で、被疑者から、「以前にAとの会話をメモした紙が手元にあるのだが、捜査機関に見られると誤解されてしまうような内容である。宅下げするので廃棄しておいてもらえないか」と依頼された。この依頼を受けてもよいか。

Q8 ··194

　自動車運転処罰法違反（過失運転致死）の被疑事実で勾留されている被疑者から、「助手席に乗っていたA（被疑者の会社の後輩）から話を聞けば、こちらが前方を見ていなかったのではなく、被害者が飛び出してきたことがはっきりするはずだ。Aに会って話を聞いてきてほしい」と依頼された。この依頼を受けてもよいか。

III　守秘義務に関する留意点 ··195

Q9 ··195

　接見の際に、被疑者から「故郷の父親に電話して『逮捕されてしまったけれども元気にしている』と伝えてほしい」と頼まれた。そこで、電話をかけてみたところ、父親から事件の内容についていろいろな質問を受けてしまった。質問に答えても問題はないか。

Q10 ……………………………………………………………………197

　起訴後に公判前整理手続に付された事件で、裁判所から、「予定主張記載書面」を提出する期限を指定された。そこで、弁護人は期限に間に合うよう検討を進めたのだが、被告人の言い分が接見のたびに変わるため、予定主張を確定することができないまま期限を過ぎてしまった。公判前整理手続期日の席上、裁判所から期限を守らなかったことを責められ、その理由を問われたので、接見での被告人とのやりとりの状況を明らかにしても問題はないか。

・事項索引………………………………………………………………199
・著者略歴………………………………………………………………201

第1編 刑事弁護の基礎

I 弁護人の基本的義務

刑事弁護の現場をみるのに先立って、まずは、弁護人の基本的な義務を確認しておこう。

1 守秘義務

(1) 秘密を保持することの重要性

弁護士職務基本規程23条は、「弁護士は、正当な理由なく、依頼者について職務上知り得た秘密を他に漏らし、又は利用してはならない」と定めている。

守秘義務を遵守することの重要性はもちろん刑事弁護に限ったことではないが、刑事弁護に携わる過程では、被疑者・被告人の生命、身体、財産または名誉にかかわる重大な秘密を知ることがある。そもそも、被疑者・被告人にとっては、弁護士に刑事弁護を委任していること自体が重大な「秘密」であることも少なくない。そのような秘密を保持することは、被疑者・被告人との信頼関係を築いていくうえで必要不可欠であるし、それを怠れば被疑者・被告人に回復することのできない不利益を及ぼしかねない。

したがって、刑事弁護のあらゆる局面において常に、守秘義務を意識し続けなければならない。

(2) 報道機関の取材に対応する際の留意点

重大事件が発生した直後に、被疑者との接見を終えた弁護人が記者に取り囲まれて、接見での被疑者とのやりとりを公表している場面を目にすることがある。

しかし、事件が発生したとされる直後の接見でのやりとりの内容は、被疑者についての「秘密」に該当し、被疑者の了解を得ない限りは公表することは許されないと考えるべきである。

この点について、たとえば「被疑者はとても反省している」、「被疑者は『被害者に申し訳ない』と話していた」などの内容であれば、被疑者が秘匿しておきたいと考える性質をもつ情報ではなく、「秘密」には該当しないように思われるかもしれない。

　しかし、捜査機関に身体を拘束されて突如として社会生活から隔絶された被疑者は、動揺して冷静な思考能力を失っている。また、関係する証拠は捜査機関に押収されており、記憶喚起の術をもたないため、被疑者は、身体を拘束された直後には弁護人に誤解や記憶違いによる説明をすることが多い。しかも、そのような状況下での被疑者とのやりとりを公表したとして、その情報が正確なニュアンスで報道される保障はなく、弁護人の意図しない形で報道されてしまうおそれがある。

　そのような前提条件を踏まえて考えると、犯罪事実に争いがあるのかどうか、あるとして具体的にどのような点をめぐる事実関係が問題になるのか、被疑者の責任能力が問題になる可能性はないのか、などの点が確定していない段階では、どのような報道が将来の弁護活動にいかなる影響を及ぼすのかを見通すことはできない。そして、意図しない形での報道がなされた場合や、報道後に被疑者の誤解や記憶違いが判明したときには、過去になされた報道の内容が被疑者の説明の信用性に疑いを差し挟む根拠となり、被疑者に甚大な不利益を及ぼすことにもなりかねない。

　たとえば、前記に例示した「被疑者はとても反省している」、「被疑者は『被害者に申し訳ない』と話していた」とのコメントも、後に自白から否認に転じたり、あるいは責任能力を争う主張をすることになった場合、もしくは自白を維持するけれども被害者にも帰責性があることを主張する方針をとることになったりした場合には、将来の防御活動の足枷になりかねない情報となる。

　このように考えると、事件発生直後の接見でのやりとりは、外部に公表することで被疑者に重大な不利益を及ぼしかねない「秘密」に該当するとみる

べきであり、公表するにあたっては必ず被疑者の了解を得なければならない。かりに、被疑者の了解を得た場合であっても、次に確認する最善努力義務との関係において、その時点で第三者に公表することは、将来の防御活動に支障を及ぼすおそれがないと確信することができるのかを慎重に見定めなければならない。

2　刑事弁護の最善努力義務

　弁護人は、被疑者および被告人の防御権が保障されていることに鑑みて、その権利および利益を擁護するために、捜査・公判を通じたあらゆる局面において最善の弁護活動に努める義務を負っている（弁護士職務基本規程46条）。
　ここでいう「最善」とは、その弁護士にとっての主観的な「最善」ではなく、刑事弁護に携わる弁護士にとって客観的に「最善」と認められる弁護活動をいうと解すべきであろう。被疑者・被告人の権利および利益を擁護するために、われわれ弁護士は常に研鑽に努めなければならない。
　そして、被疑者・被告人の権利および利益を擁護する過程では、公権力と対峙しなければならないことがある。また、弁護活動についていわれのない非難を受けることもある。
　筆者が過去に担当した否認事件では、取調官から「あの弁護士は金目当てだ」であるとか、「あんな弁護士は解任したらどうか」などと言われた依頼者もいた。
　また、過去の裁判例には、犯罪の成立が争われる事件において、起訴前段階において被疑者に黙秘権の行使を助言し、さらには、勾留の裁判、勾留期間延長の裁判および差押えの処分に対してそれぞれ準抗告を申し立てた弁護活動について、「当番弁護士による右のような準抗告の申立は、当時としては全く認容される見通しがなかったものであり、黙秘の勧めを中心とするこのような弁護活動は、当時としては被告人に変な期待を持たせると共に、検察官による公訴提起を招き寄せる効果しか有しなかった、まさしく有害無益

なものであったと評せざるを得ない」などと判示したものがある（東京地判平成6・12・16判例時報1562号141頁）。黙秘権および各裁判に対する準抗告申立権は、いずれも憲法ないし刑事訴訟法によって認められた正当な権利であり、その行使を非難するのは明らかに筋違いというべきである。

　さらには、マスメディアによる報道を通じて社会全体が弁護人の活動を非難するようになることもある。

　熱心に弁護活動に取り組むほど、そのような非難を受けることがあるが、決して屈することなく、常に被疑者・被告人の権利および利益を擁護する観点から、最善と認められる弁護活動に努めなければならない。弁護人にはその覚悟が必要である。

II　迅速な弁護活動の必要性

　特に起訴前段階の事件を受任したときには、迅速な弁護活動が求められる。

　逮捕された一般市民は、刑事手続に関する専門知識など持ち合わせていない。何の知識もなく、今後の見通しが全くわからない絶望的な状況で身体を拘束されて社会から隔離される。そして、絶対的な権力者のようにみえる取調官と対峙して自白を迫られれば、無実の訴えを貫くのは極めて困難である。このような状況での虚偽自白による冤罪が発生するのを防止するためには、弁護人が一刻も早く接見に赴いて、適切な助言をしなければならない。

　また、仕事や家庭をもつ被疑者にとって、勾留されるか否かは死活問題である。勾留されたことを契機として勤務先からの退職を余儀なくされることは少なくない。そして、勾留を回避するための弁護活動は、第2編第1章の〈Case ①〉でみるように、まさに時間との戦いである。

　刑事弁護に臨むにあたっては、常に「今日できることは今日のうちにやる」との心がまえで迅速な弁護活動に努めなければならない。フットワークの軽さと気力・体力の充実は、最善努力を尽くすための必須の要素である。

III 裁判員制度を契機とした変化の兆し

1 かつて「絶望的」といわれた刑事裁判実務

　平野龍一博士は、かつて、「わが国の刑事裁判はかなり絶望的である」と述べた（「現行刑事訴訟法の診断」（団藤重光博士古稀祝賀論文集第4巻）407頁）。

　従来の多くの刑事裁判では、公判廷での証拠書類の取調べは極めて簡潔な要旨の告知による形式的なものにすぎず、裁判官が自室あるいは自宅で供述調書を読んで心証を形成していた。そして、公判廷は、「単に証拠を受け渡す場所、あるいはせいぜい証拠収集の場所」であるにすぎず、「自室証拠調主義」が確立した慣行となっていた。そのような実情について、平野博士は、「調書もまた『種々の配慮』から、多くの真実ではないものを含んでいる。それを『自室』で見抜く眼力を持つと裁判官が考えるのは自信過剰であり、大部分は実は検察官・警察官の考えにのっかっているにすぎないのではなかろうか」と批判し、その実情を「絶望的」と評したのであった。

　また、かつて日本弁護士連合会（以下、本書において「日弁連」という）は、「わが国の刑事手続は、現在、憂慮すべき状況にある」との意見を表明した（平成元年9月16日人権擁護大会「刑事訴訟法40周年宣言」）。その理由について、「捜査段階における代用監獄を利用しての無制約・長時間の取調べ、弁護人との接見の機会および時間の制限、そして被疑者に国選弁護人制度のないこと等、被疑者の人権は大きく制限されている。起訴後も、保釈されず、勾留が長期に継続する事件は多い。公判段階では、右のような取調べで作成された自白調書の安易な採用、被告人に有利な検察官手持証拠の不開示・不提出、弁護人請求の証人調べの制限等は被告人の防禦権の行使の重大な支障となっている。控訴審、上告審もその機能を充分に発揮せず、一審の誤りがほとんど除去されないまま終了することも稀ではない」と指摘した。

2　刑事裁判実務における変化の兆し

　しかし、近時、裁判員制度の実施を中心とする一連の刑事司法改革の中で、刑事裁判実務のさまざまな局面において変化の兆しがみられる。

(1) 公判廷内で心証を形成する公判審理の実現

　裁判員制度を実施するにあたって、一般市民である裁判員に自宅へ書類を持ち帰り読み込んでもらうわけにはいかない。そのため、裁判員裁判では、直接主義・口頭主義が実質化されて、公判廷での証拠調べと弁論を通じて、公判廷の中で見て聞いたものに基づいて心証を形成する審理が行われている。かつて平野博士が「単に証拠を受け渡す場所」と評した公判廷が実質的な心証形成の場になりつつある。

　公判廷の中で心証を形成するためには、多くの場合、捜査機関によって作成された証拠書類を朗読するよりも、事実を経験した者の供述を直接聞くほうがわかりやすいことから、裁判所関係者の議論においても「書証よりも人証を重視する」との方向性が打ち出されつつある。たとえば、任意性に疑いのない被告人供述調書であってもこれを直ちに証拠として採用するのではなく、まずは被告人質問を実施し、被告人の口から審判に必要な事実が直接語られれば、供述調書は採用しないとの運用が行われている。

　直接主義・口頭主義は、裁判員裁判に限らず刑事裁判全般に妥当すべき基本原則であるから、このような公判活性化の取組みが、今後は裁判員裁判非対象事件にも及ぼされるべきであろう。

(2) 証拠開示請求権の法定

　裁判員制度の実施に伴い、連日開廷による公判審理を行うための準備手続として公判前整理手続が創設された。この公判前整理手続は、裁判員制度に先立って平成17年11月1日から運用が始まった。

　公判前整理手続に付された事件では、被告人側に、検察官請求証拠の証明力を判断するために重要と認められる一定類型の証拠（刑事訴訟法316条の15第1項・2項）および被告人側が明示した予定主張に関連する証拠（同法316

条の20第1項）の開示請求権が認められる。被告人側の証拠開示請求権が明文をもって定められ、第1回公判に先立って検察官請求証拠以外の証拠が開示されるようになったことの意義は大きい。

　もちろん、現状の証拠開示規定だけではいまだ十分ではなく、全面証拠開示に向けた法改正がさらに推し進められるべきであるが、第2編第4章の〈*Case* ④〉で検討するように、公判前整理手続における証拠開示請求権を最大限に活用すれば、従来よりも相当に広範な証拠開示を受けることができるようになった。

　　(3)　身体拘束に関する運用改善の兆し

　裁判員制度の実施を契機として、裁判所関係者から、保釈の運用を見直すべきであるとの問題提起もなされた。

　平成18年に公表された松本芳希判事の「裁判員裁判と保釈の運用について」と題する論稿（ジュリスト1312号128頁）では、刑事訴訟法89条4号該当性の判断に関して、「保釈の判断基準について原点に還って見直す必要があり、運用としては、刑訴法89条4号の『罪証を隠滅すると疑うに足りる相当な理由』の該当性の有無・程度、裁量保釈の可否をより具体的、実質的に判断していくことが重要であろう」、「否認又は黙秘の態度から直ちに罪証隠滅のおそれを肯定するようなことをしてはならない」との指摘がなされた。また、防御準備のための保釈の必要性について、「連日的開廷の下での審理を被告人の防御権を害することなく円滑に進行させていくには、基本的に、これまでよりも弾力的に保釈の運用を行っていくべきであろう」との指摘もなされた。

　そして近時、裁判員裁判対象事件のうち殺人既遂罪や否認事件においても、第1回公判前の保釈が許可された事例が報告されている。また、最高裁判所が公表した統計数値によれば、裁判員裁判対象事件とされている公訴事実で起訴され、地方裁判所において判決言渡しを受けた被告人のうち、保釈された人員の割合は、平成20年は4.5％であったのが、平成21年には5.5％に上昇

し、さらに裁判員制度が施行されてから平成23年3月までの期間は8.3%となった（最高裁判所ウェブサイト「裁判員制度の運用等に関する有識者懇談会（第12回）」配付資料〈http://www.courts.go.jp/saikosai//about/iinkai/saibanin_kondan/siryo_12/pdf/siryo_5.pdf〉）。

さらに、保釈以外の局面においても、勾留請求が却下される事例が以前よりも多くなったように思われる。

いまだ不十分ではあるが、変化の兆しがみられるとはいえるであろう。

(4) 被疑者国選弁護制度の創設・拡充

第2編第1章の〈*Case* ①〉および第2章の〈*Case* ②〉での検討を通じて明らかになるとおり、虚偽自白による冤罪防止、または身体拘束からの早期解放のためには、逮捕されて間もない段階からの被疑者弁護活動が重要である。しかし、従前、わが国の国選弁護制度は起訴された後に限られていた。

この点、平成18年から「死刑又は無期若しくは短期1年以上の懲役若しくは禁錮にあたる事件」を対象に被疑者国選弁護制度が実施されるようになり、平成21年からはその対象事件が「死刑又は無期若しくは長期3年を超える懲役若しくは禁錮に当たる事件」に拡大された（刑事訴訟法37条の2第1項）。さらに、平成28年に成立した改正法により、対象事件が被疑者が勾留された全事件に拡大されることになり、平成30年6月までに改正法が施行される予定である。

3 「最善」の弁護を実践することのさらなる重要性

筆者が弁護士として登録したのは平成14年であるが、それから、裁判員制度が実施される前後を通じて、上述したさまざまな局面において実務に変化が生じつつあることを日々実感している。かつて「絶望的」で「憂慮すべき」といわれた刑事司法が、弁護人が最善の努力を尽くすことで成果をあげられる可能性のある、やり甲斐のある場になりつつある。

一方で、われわれ弁護士の責任は一層重大となった。弁護人が最善の努力

を怠り、公判廷で見て聞いても理解することのできない訴訟活動をしてしまえば、従来であれば裁判官が膨大な書類の隅々まで目を通すことによって気づかれたはずの「合理的な疑い」が見過ごされてしまい、有罪判決が言い渡される事態も生じかねない。また、被疑者国選弁護人が選任されている状態で自白調書が作成されれば、後にその任意性を争っても、「弁護人が付いている以上は適切な助言を受けていたはずである」との経験則により、弁護人が選任されていない場合に比べてその任意性は否定されにくいであろう。さらに、最善の努力を尽くせば保釈が認められるにもかかわらず、弁護人がそれを怠ったことで身体拘束が長期化したとすれば、それは弁護人の責任にほかならない。

　われわれ弁護士は、刑事弁護人に課せられた責務の重大さを自覚して、所要の知識と法廷弁護技術の習得に努め、被疑者・被告人の権利および利益を擁護する最善の弁護実践を積み重ねていかなければならない。そして、その積み重ねこそが、刑事司法のさらなる改善へとつながるであろう。

　それでは、第2編において、具体的な刑事弁護活動のプロセスについて順を追ってみていこう。

第2編 刑事弁護の現場
──モデルケースを素材として

第1章 自白事件の起訴前弁護活動
──器物損壊被疑事件

I 当番弁護士の出動要請

〈Case ①〉

　当番弁護士の待機割当日に、弁護士会から出動要請の連絡があった。弁護士会からは、以下の配点連絡票がファクシミリで送られてきた。逮捕されたのは昨日のようだ。

当番弁護士センター配点連絡票

2012年○月○日

受付番号	2012-00001
（フリガナ）	コウノ　タロウ
被疑者	甲野　太郎
性別	男性　　生年月日　1967年10月28日
国籍	日本　　言語　　　日本語
罪名	器物損壊
拘束場所	丸の内警察署　○○○○−0110
連絡者	丸の内警察署　○○○○−0110

```
受付日時   2012／00／00
逮 捕 日   2012／00／××
                    （以下略）
```

II 注視すべき点

〈*Case* ①〉における注視すべき点は、以下の2点である。
① 早期に身体拘束を解くための弁護活動
② 不起訴処分に向けた示談交渉

III 初回接見の準備

1 早期接見の必要性

当番弁護士の出動要請であれ、被疑者の知人からの依頼であれ、受任の打診があった段階で得られる情報は限られている。

当番弁護士の出動要請を受けた場合には配点連絡票に書かれた情報を得られるが、被疑者の家族から連絡を受けた場合には、家族は「警察に捕まってしまったらしい」という以外に状況を理解していないこともある。

それでは詳しい情報を得るためにどうしたらよいか。まずは、できるだけ早く被疑者と接見して、本人から事情を聞くべきである。

逮捕されて間もない段階では、事件をめぐる状況が刻一刻と変化する。身上関係が安定していることを明らかにすれば勾留を回避することができるのに、そのことが裁判官に明らかにならないまま勾留されてしまうかもしれない。あるいは、被疑事実を否認している被疑者が、取調官の執拗な説得や利益誘導に屈して事実と異なる内容の供述調書に署名してしまうかもしれない。

したがって、受任の打診を受けたその日のうちに、できる限り速やかに接見すべきである。

2　接見に行くための準備事項

(1)　被疑者の所在確認

接見に行く前に、まず被疑者がどこにいるかを確認しなければならない。

現在の運用では、いわゆる特捜事件などを除いて、まだ起訴されていない被疑者は、（その当否は措くとして）拘置所ではなく警察署内に設置されている留置施設に留置されることが多い。

〈*Case* ①〉では、弁護士会から送信されてきたファクシミリに、被疑者である甲野氏は丸の内警察署に留置されていると記載されている。

しかし、そうであるからといって、丸の内警察署に行けば必ず甲野氏に会えるとは限らない。検察官の取調べを受けるために検察庁に行っているかもしれないし、勾留質問を受けるために裁判所に行っているかもしれない。

そこで、接見に行く前に警察署の留置係に電話をかけて、被疑者の所在を確認する。

(2)　接見に持参する物

接見に行く際には、最低限、以下の物を持参すべきである。

○　弁護士バッジまたは日弁連の身分証明書
○　弁護人選任届
○　委任契約書
○　六法
○　白紙

六法は、被疑者に法定刑を尋ねられることや、今後の手続に関して条文を確認しなければならないことがあるから、コンパクトなものでかまわないので必ず持参すべきである。

また、接見の際にしばしば「白紙」が必要になる。レポート用紙でもかま

わない。被疑者が説明している内容について供述録取書を作成して証拠化する場合や、被疑者名義の「誓約書」を作成する場合などに必要になる。それらの具体的な場面については、後ほど検討しよう。

Ⅳ 初回接見での留意点

1 初回接見で最初に行うべきこと

接見室で被疑者と会って、最初に何をするかは、弁護士によってさまざまであろう。

筆者の場合には、まず自己紹介をしたら、次に、被疑者のほうから現時点で質問したいことや話したいことがないかを確認し、それから、伝えるべき事項の説明や聞取りに移行することが多い。被疑者が特に何に不安をもっているかを最初に把握することが有益であると考えるからである。

質問に答えるためには聞取りが必要であることが多いが、その場合には、被疑者にその旨を伝えて聞取りに移行すればよいだろう。

2 初回接見で伝えるべき事項

初めて会う被疑者に何をどのような順序で伝えるかについても、それぞれの弁護士によって考えがあるだろう。最低限伝えるべき事項として以下のものが考えられる。

- ○ 接見にきた経緯（誰の依頼なのか）
- ○ 弁護人の守秘義務や最善努力義務などの責務
- ○ 被疑者の黙秘権
- ○ 供述調書に署名押印をする義務がないこと
- ○ 逮捕されてからの刑事手続の概要

被疑者が外国人である場合には、母国の刑事手続と日本の刑事手続の違いを理解しておらず、弁護人に真実を話すことを躊躇することがあるから、弁

護人の責務を特に丁寧に説明すべきである。

3 初回接見で聞き取るべき事項

(1) 逮捕されるに至った事実経過

今後の弁護活動方針を立てるにあたって、まずは事実関係を詳細に把握する必要がある。

勾留を回避するための活動をするにせよ、被疑事実を争うにせよ、被害者との示談交渉を進めるにせよ、弁護人が事実関係を正確に把握していなければ、適切な対応は不可能である。

(2) 事実経過を聞き取る際の留意点——質問方法

まだ信頼関係を築いていない相手からの聞取りは、難航することもある。一般的には、相手の話を聞いて頭の中に物語の映像を思い浮かべながら時系列を追っていくと、聞取りがしやすく、聞き漏らしも少なくなる。

また、

○ 大雑把に質問すると大雑把な答えが返ってきてしまう

○ 細かく質問すると細かい答えが返ってくる

ということも、頭に入れておくとよいだろう。

初回接見での甲野氏とのやりとりをみてみよう。

弁護士：逮捕された経緯を教えてください。

甲野氏：いつもはあんまり飲まないんです。でも、昨日は仕事がうまくいっていないストレスも溜まってて、つい飲みすぎました。それに佐藤だって悪いんですよ。でも、まさか警察を呼ばれるとは思いませんでした。

質問を受けた甲野氏の立場になってみれば、「逮捕された経緯」といわれても、具体的にどの場面についての説明を求められているのかわからない。

そのため、答えの中にさまざまな場面が混在してしまった。そこで、聞き方を工夫して再度聞いてみよう。

> 弁護士：まず、逮捕されたのはいつですか？
> 甲野氏：昨日の夜11時過ぎだったと思います。
> 弁護士：どこで逮捕されましたか？
> 甲野氏：有楽町駅の改札の目の前にある、「赤ちょうちん」という居酒屋です。
> 弁護士：その居酒屋に、何をしに行ったのですか？
> 甲野氏：会社の後輩の佐藤と飲みに行きました。
> 弁護士：店に入ったのは何時頃でしたか？
> 甲野氏：午後6時半頃です。
> 弁護士：甲野さんはどれぐらいお酒を飲みましたか？
> 甲野氏：まずビールをジョッキで2～3杯飲んで、それから焼酎のボトルを2人で何本か空けたと思います。
> 弁護士：そして、午後11時頃に、まずどんなことが起きたのですか？
> 甲野氏：酔った佐藤が私に絡み始めて、「あんたの仕事は今ひとつなんだよ」「このままだと誰もついていかないぞ」とか言い出したんです。佐藤は相当酔っていたと思います。
> 弁護士：それを聞いて、甲野さんはどうしましたか？
> 甲野氏：「お前に言われたくない」と言い返したと思います。
> 弁護士：すると、佐藤さんはどうしましたか？
> 甲野氏：細かくは覚えていませんが、私にさらにいろいろと文句を言ってきました。
> 弁護士：それで、甲野さんはどうしましたか？
> 甲野氏：しまいに頭にきて、私もかなり酔っていたものですから、テー

>　　　　　ブルに載っていた皿やグラスを片っ端から床に叩きつけて、テー
>　　　　　ブルを蹴飛ばしてしまいました。
>　弁護士：そして、どうなったんですか？
>　甲野氏：店の人が110番通報をしたみたいで、やってきた警察官に逮捕
>　　　　　されたんです。

　このように、それぞれの質問で聞きたい事項を絞って明確にして、時系列を追いながら聞いていくと、話が脱線したり一足飛びになったりすることなく、話題をコントロールしながら聞き取りやすい。

(3) 事実経過を聞き取る際の留意点——不利な事実の聞取り

　誰しも、自分に不利な事実は話しづらい。つい、都合の悪い事実のトーンやニュアンスを弱めて話したり、あるいは事実経過の一部を端折って話したりしてしまうことがある。

　〈*Case* ①〉では、甲野氏が、本当は5～6枚の皿を割ったのに、「1～2枚ぐらいだったと思う」と答えてしまうかもしれない。あるいは、皿を割った後に、それを注意した店員の胸倉をつかんで殴りかかろうとしたことがあったのに、そのことを隠してしまうかもしれない。

　しかし、今後の弁護活動の方針を立てるためには、不利な事実を含めて事実関係を可能な限り正確に把握する必要がある。このことは自白事件と否認事件とで異ならない。自白事件で示談交渉をする際にも、弁護人が事実関係を正確に聞き取っていないことが被害者に判明すると、その時点で交渉が滞ることがある（被害者側の心情からすれば当然であろう）。

　そこで、聞取りを始めるのに先立って、被疑者には、

　　○　事実関係を正確に把握しないと、見通しを誤り、誤った弁護方針を立ててしまいかねないこと

　　○　弁護士には守秘義務があるから、安心して話してほしいこと

を伝えなければならない。また、聞取りを進めながら疑問に感じた点は納得

できるまで質問すべきである。

(4) 取調べ状況の聞取り

被疑者が逮捕された後の取調べ状況や供述調書の作成状況も聞き取って、今後の対応についてアドバイスをする必要もある。

取調べ状況に関する対応とアドバイスについては、第 2 章の否認事件である〈*Case* ②〉において詳細に検討するが、自白事件の場合にも、取調官の誘導や誤導によって事実に反する内容の供述調書が作成されるおそれがあるから、取調べの状況を把握して適切なアドバイスをすることが必要不可欠である。

(5) 身上関係の聞取り

被疑者の家族関係や勤務先などの身上も丁寧に聞き取る必要がある。

このことは、身体拘束を解くための活動をする場合に必要不可欠であるし、勾留を回避することは難しい事案であっても、以後の弁護活動を進めるためには家族や勤務先と連携をとる必要がありうるから、被疑者の身上関係を把握しておくべきである。

4 初回接見における弁護人選任届と委任契約書の作成

被疑者から私選弁護人として選任したいとの意向が示されたら、弁護人選任届を作成する。弁護人選任届には、被疑者に署名押印をしてもらい、必ず留置担当官に「指印証明」（「上記は本人の署名指印に相違ありません」との記載）をしてもらう。

起訴前における弁護人選任届の提出先は、刑事訴訟規則17条に「当該被疑事件を取り扱う検察官又は司法警察員」と定められているが、事件が検察官に送致された後には検察庁に提出する。

検察庁に弁護人選任届を提出する際には、原本とともに写しを持参して、写しに検察庁の受領印を押印してもらうとよい。国選弁護人の場合には、裁判所が作成した「国選弁護人選任書」が弁護人の資格を証明するが、私選弁

護人の場合には、検察庁（起訴後であれば裁判所）の受領印が押されている弁護人選任届の写しが、弁護人の資格を証明する資料になる。そして、起訴後に検察庁で証拠書類の閲覧・謄写をする際などに、受領印のある弁護人選任届の写しの提示を求められることがある。

　なお、私選弁護人として事件を受任する際には、被疑者との間で着手金と成功報酬を取り決めて、委任契約書も作成するべきである。弁護士職務基本規程30条は、事件を受任するにあたって報酬に関する条項を含む委任契約書を作成しなければならないと定めている。この規定は、もちろん刑事事件を受任する場合にも妥当する。

V　初回接見で聞き取った事実経過

初回接見を通じて、甲野氏から以下の内容を聞き取ることができた。

〈被疑事実について〉
- 被疑事実は、昨夜午後11時頃、居酒屋「赤ちょうちん」で、酒に酔って皿5枚とグラス2個を床に叩きつけて壊したというものである。被疑事実の内容はそのとおり間違いない。
- 直後に店員が110番通報をし、近くの派出所からきた警察官に準現行犯逮捕された。
- 申し訳ないことをしてしまったので、お店の人に謝罪と被害弁償をしたい。

〈取調べ状況について〉
- 逮捕後、丸の内警察署に引致され、30分ほど取調べを受けた。皿やグラスを壊したことは間違いないことを確認し、「事実はそのとおり間違いありません」と記載された弁解録取書に署名押印をした。
- 今日は2時間ほど警察官の取調べを受けた。そして、身上経歴に関

する2〜3頁の供述調書と、皿やグラスを割った状況に関する5〜6頁の供述調書が作成され、いずれにも署名押印をした。
○ 留置担当官から、明日は霞が関の検察庁に行く予定と聞いている。

〈身上関係について〉
○ 逮捕されるのは初めてである。刑事裁判を受けたことはない。
○ 勤務先は、20名の従業員が在籍する日用品卸売会社である。営業部長を務めている。同社に就職して25年目になる。
○ 3日後に得意先との重要な会議が予定されており、どうしても出席する必要がある。出席しないと取引が中止になってしまう。
○ 家族は妻と娘1人である。自宅に3人で同居している。妻は連絡がとれずに心配していると思うので、連絡してほしい。

VI 身体拘束を解くための弁護活動

1 勾留を回避する必要性

　甲野氏と初回接見をしたのは、逮捕された翌日であった。そして、甲野氏は、3日後に得意先との重要な会議が予定されており、それに立ち会う必要があるという。そこで、甲野氏の身体拘束が早期に解かれるよう、勾留を回避するための活動をしなければならない。

　いうまでもなく、警察署の留置施設や拘置所で身体を拘束され続けることに伴う心身の負担は大きい。社会から隔離される期間が続くことによって、仕事や家族を失ってしまうことがある。無罪が推定されている被疑者の社会生活が有罪宣告を待たずに破壊されてしまうのは問題である。

　さらに、そのような負担や不利益を回避したいがために、無実の罪を認めてしまう被疑者もいる。公職選挙法違反被告事件において、自白調書の信用性が否定されて被告人12名全員に対して無罪が言い渡された、いわゆる志布

志事件の判決（鹿児島地判平成19・2・23判例タイムズ1313号285頁）も、「法定刑が比較的低く、有罪になっても、罰金刑かせいぜい執行猶予付きの懲役刑になる可能性が高いと見込まれる場合、身体拘束を受ける被疑者・被告人にとって、刑責を負うかどうかよりも、身体拘束がいつまで続くかの方が、はるかに切実な問題となるのは至極当然である」、「このような状況においては、被疑者が早期に釈放されることを期待して、たとえ虚偽であっても、取調官に迎合し自白に転じる誘因が強く働くと考えられる」との指摘をしている。

そこで、被疑者が身体を拘束されている事件においては、被疑者の社会生活が破壊されるのを防止するため、さらには虚偽の自白調書が作成されるのを防止するためにも、身体拘束を早期に解くための活動が重要である。その活動は一刻を争う。

2 刑事訴訟法上の勾留要件の確認

まずは勾留要件がないことを明らかにすることによって検察官に勾留請求をさせないこと、そして、もし検察官が勾留請求をした場合には裁判官に勾留請求を却下させることをめざす。

まず勾留要件について確認する。刑事訴訟法207条1項、60条1項によると、被疑者を勾留する要件は以下のとおりである。

---

① 被疑者が罪を犯したことを疑うに足りる相当な理由があること
② 以下のいずれかにあたる勾留の理由があること
　ⓐ 被疑者が定まった住居を有しないこと
　ⓑ 被疑者が罪証を隠滅すると疑うに足りる相当な理由があること
　ⓒ 被疑者が逃亡しまたは逃亡すると疑うに足りる相当な理由があること
③ 勾留の必要性があること

③の「勾留の必要性」は、刑事訴訟法に明記された要件ではないが、被疑者の身体を拘束すべき必要性と、その拘束によって被疑者が被る不利益とを比較考量して、前者が極めて低い場合や後者が著しく大きい場合に、勾留の必要性が認められず、被疑者を勾留することは許されないと解される。そして、被疑者の勾留の必要性の判断に際して、特に軽微な事案においては、起訴される可能性の有無が比較考量の要素になると解される（松尾浩也監修『条解刑事訴訟法〔第4版増補版〕』147頁、397頁）。

　また、上記以外に、勾留請求に先行する逮捕手続が適法であることも勾留の要件であると解される。刑事訴訟法上の逮捕前置主義は、被疑者の勾留を認める要件として「適法な逮捕」の前置を求めるものと考えられるからである。したがって、逮捕手続の適法性についても検討する必要がある。特に、薬物事犯では過去の裁判例で逮捕手続に違法性が認められた事例も少なくないので、被疑者から逮捕された際の状況を詳しく聞き取る必要がある。

3 〈Case ①〉の勾留要件の検討

　〈Case ①〉において勾留要件があるかを検討してみよう。

　甲野氏も、皿やグラスを割ったことは認める供述をしており、①の「罪を犯したことを疑うに足りる相当な理由」はあるだろう。

　では、②の勾留の理由はどうであろうか。

　まずⓐについて、甲野氏は妻子とともに自宅に居住しており、「定まった住居」がある。

　では、ⓒの「逃亡すると疑うに足りる相当な理由」はあるだろうか。甲野氏は、定まった住居と職場をもち、妻による身元引受も期待され、身上関係は安定している。他方で、事案の内容や、甲野氏に前科・前歴がないことからすれば、検察官による処分は、罰金相当とみて略式命令請求（刑事訴訟法461条）とするか、被害者との示談が成立すれば起訴猶予によって不起訴とされることも考えられる。そのような見通しであるにもかかわらず、甲野氏

があえて逃亡し、家庭や職場を失いかねない無思慮な行為に及ぶとは考えがたい。よって、「逃亡すると疑うに足りる相当な理由」もないと思われる。

　そうすると最後に問題となるのは、ⓑの「罪証を隠滅すると疑うに足りる相当な理由」である。実務上、存否が問題になることが最も多いのは、この要件であろう。検察官や裁判官を説得する際には、この要件をどう考えるかがポイントになりそうである。

4　勾留請求・勾留質問のスケジュール確認

　勾留を回避するための弁護活動は時間との戦いである。せっかく意見書や添付資料を準備しても、それらを提出する前に勾留請求がなされ、そして勾留の裁判がなされてしまっては意味がない。

　そこで、弁護活動のスケジュールを検討する前提として、いつ検察官による勾留請求がなされ、いつ裁判官による勾留質問や勾留請求に対する判断がなされるかの見通しを確認する必要がある。

　まず、刑事訴訟法には以下のとおり定められている。

○　司法警察員は、被疑者を留置する必要があると思料するときは、被疑者が身体を拘束された時から48時間以内に被疑者を検察官に送致する手続をとる（203条1項）。

○　検察官は、送致された被疑者を留置する必要があると思料するときは、被疑者を受け取った時から24時間以内に勾留請求をする（205条1項）。

○　裁判官は、被疑者に被疑事件を告げて被疑者の陳述を聴く手続（いわゆる勾留質問）をした後でなければ被疑者を勾留することができない（207条1項、61条）。

　検察官が勾留請求をした後に、裁判官による勾留質問がなされるタイミン

グについては、各裁判所によって運用が異なる。

　たとえば、東京地方裁判所の現在の運用では、検察官が勾留請求をした後、その翌日に裁判官による勾留質問を行うのが一般的である。他方、検察官が勾留請求をすると、その日のうちに勾留質問を行っている裁判所も少なくない。

　さらに、東京地方裁判所でも、被疑者が病を患っており刑事施設と検察庁・裁判所の間の往復を単独で行う必要があるなどの個別事情がある場合には、勾留請求された日のうちに勾留質問を行うことがあるようである。

　このように、地域や事案によって勾留質問のタイミングが異なる可能性があるので、弁護活動のスケジュールを立てる前提として、その地域の一般的な運用を把握したうえで、勾留請求がなされた後には裁判所に当該事案の勾留質問の予定について確認すべきである。

5　弁護活動のスケジュール確定

　〈*Case* ①〉について、甲野氏との初回接見を終えた後の弁護活動のスケジュールを検討しよう。

　初回接見が終了した後、担当刑事に電話をかけて確認したところ、「明日、検察官送致の手続をとる」とのことであった。そういえば、甲野氏は初回接見の際に、「留置担当官から、明日は霞が関の検察庁に行く予定と聞いている」と言っていた。

　次に、東京地方裁判所の令状部の書記官に電話をかけて、勾留質問の一般的な運用について質問してみた。すると、以下の回答が返ってきた。

　「原則として、勾留請求がなされた翌日に、勾留質問を行い、勾留請求に対する判断をします。なお、例外的に勾留請求当日に勾留質問を行うケースもありますが、そのような例外的な取扱いをするかどうかは、実際に勾留請求があった後に問い合わせてください」。

　そこで、初回接見を終えて早速、意見書の作成にとりかかることにした。

そして、翌日の日中に検察官に意見書を提出し、勾留請求された場合には翌々日の朝一番で裁判官に意見書を提出することをめざすことにした。また、意見書を提出する際には、あわせて検察官・裁判官にそれぞれ面会を申し入れることにした。

6 勾留要件の不存在を明らかにする資料の作成・収集

検察官や裁判官に提出する意見書には、勾留の理由や勾留の必要性がないことを具体的に明らかにする資料を添付すべきである。

〈*Case* ①〉について、具体的にどのような主張をし、その主張との関係でどのような資料を作成・収集することが考えられるか、検討してみよう。以下に、考えうる主張を列挙し、弁護人が作成・収集することが考えられる資料を〈 〉付で記載する。

○ 罪証を隠滅すると疑うに足りる相当な理由がないこと
  ・割られた皿やグラスなどの客観証拠は押収されており、それらを隠滅する余地はない。
  ・器物損壊行為をしたことを認める甲野氏の弁解録取書と供述調書が作成されている。
  ・甲野氏に罪証隠滅を図る考えはない。〈甲野氏の供述録取書〉
  ・現場にいた同僚の佐藤氏にも罪証隠滅に助力する考えはない。〈佐藤氏の供述録取書〉
○ 逃亡すると疑うに足りる相当な理由がないこと
  ・妻子とともに自宅で暮らしている。〈妻の供述録取書〉
  ・釈放後は妻による監督が期待される。〈妻の供述録取書〉
  ・勤続25年の会社に勤務している。〈代表者の供述録取書〉
  ・勤務先の関係者による監督も期待される。〈代表者の供述録取書〉
○ 勾留の必要性がないこと

- 被害店舗との示談が見込まれる。〈弁護人の報告書〉
- 身体拘束が継続する場合の被疑者の不利益が大きい。〈甲野氏の供述録取書〉

　もちろん、関係者の協力を期待どおり得ることができるかは不明であるが、まずはこれらの資料を収集することをめざして活動する。

　なお、勾留請求の却下を求める意見書や保釈請求書に、家族や上司名義で「被疑者（被告人）が釈放されたら、逃亡・罪証隠滅行為に及ばないよう監督することを誓約します」とだけ記載された簡潔な内容の「身元引受書」等と題する書面が添付されることがある。その程度の書面で足りる場合もあるかもしれない。しかし、裁判官には、被疑者とその家族や勤務先の具体的な関係は不明であるから、弁護人において、できる限り詳細な事情を聞き取って供述録取書を作成するのがより適切であろう。

　また、意見書を提出するタイムリミットが迫っており、協力者本人と会う時間がないのであれば、次善の策として、電話で聞取りと打合せをしたうえで、協力者本人に書面を作成してもらい、それをパスワード設定をしたメール添付またはファクシミリで送付してもらうことも考えられる。それも難しければ、弁護人名義で電話聴取報告書を作成することも考えられる。

　時間が限られている中で、ケースバイケースで臨機応変に勾留を回避するための努力をすべきである。

7　〈Case ①〉における資料の作成・収集

(1)　甲野氏の供述録取書作成

　初回接見での聞取りによって、甲野氏の勾留を回避することが喫緊の課題であることが明らかになった。そこで、初回接見の際、直ちに、甲野氏の生活状況などを明らかにするための供述録取書を作成することにした。

　甲野氏によると、警察官も甲野氏の身上経歴に関する供述調書を作成して

いる。しかし、警察官の供述調書には記載されていない事情があるので、勾留を回避するために必要な情報を盛り込んだ供述録取書を弁護人自身で作成するべきであると判断した。

　もっとも、接見室には、パソコンに入力したものを出力する設備が整っていない。しかし、翌日には検察官に意見書を提出する予定であるので、早急に供述録取書を完成させてしまいたい。

　そこで、甲野氏から聞き取った内容を弁護人が持参した白紙に手書きで整理して、供述録取書の体裁にした。それを甲野氏にアクリル板越しに読んでもらい、内容に間違いないことを確認してもらった。

　そのうえで、供述録取書の差入れの手続をし、甲野氏に署名と捺印をしてもらったうえで、直ちにまた宅下げの手続をしてもらった。

　こうして、初回接見が終わった時点で甲野氏の供述録取書が完成した。

【書式１】　被疑者の供述録取書（《*Case* ①》）

供述録取書

供　述　者　　甲野太郎
供　述　日　　平成24年○月○日
供述場所　　丸の内警察署留置課内接見室
録　取　者　　弁護人　宮村　啓太

1　私は、昨日の午後11時すぎに器物損壊の被疑事実で逮捕されました。被疑事実に間違いはありません。反省しております。
2　私は、昭和63年3月に大学を卒業し、株式会社□□に就職しました。今年で勤続25年目になります。当社は、日用品の卸売販売を営んでいます。そして、私は2年前から営業部長の職位にあります。
　　3日後の○月□日、当社と株式会社△△との間で取引基本契約書を調印するための会議が予定されています。△△は、東京都内に30店舗のスーパーマーケットを営んでいる、当社の最も重要な得意先です。当社の売上の約3割

が△△に対する売上です。

　当社は、3か月前に、従前の取引基本契約の期間が満了するのを契機として△△から取引を打ち切ると通告されました。しかし、粘り強く交渉を続けた結果、何とか取引を継続してもらえることになりました。3日後の取引基本契約書の調印には、先方は担当取締役が出席する予定であり、当社からは私が出席することが必要不可欠です。これまでの交渉を私と新入社員の2人で行ってきましたが、先方の取締役が出席する場に新入社員が1人で臨むような礼を失する対応をしたのでは、取引が間違いなく中止になってしまいます。そうなれば、当社の経営は行き詰まってしまいます。

3　私は、お皿とグラスを割った行為について、心より反省しております。今後、弁護人を通じてお店の方に謝罪し、被害弁償をしたいと考えています。

　そして、身体拘束が解かれた暁には、逃亡しませんし、逃亡と疑われるような行動もとりません。

　また、証拠を隠滅せず、口裏合せや口止めもしません。それらの行為と疑われる行動もとりません。会社に出勤すれば佐藤と会うことになりますが、佐藤とは、昨夜の「赤ちょうちん」での出来事について一切話しません。

　ついては、身体拘束を解くようお願いします。

平成24年○月○日

　　　供述者　　甲野太郎　㊞

以上のとおり録取して、閲読により誤りのないことを確認した。

　　　録取者　　弁護人　宮村啓太　㊞

(2)　妻の供述録取書作成

　初回接見が終了した後には、甲野氏の妻に電話をかけて事情を説明し、直ちに事務所にきてもらうことになった。そして、聞き取った内容を基に供述録取書を作成した。

【書式2】　被疑者の家族の供述録取書（<Case ①>）

供述録取書

供述者　甲野花子
供述日　平成24年〇月〇日
供述場所　宮村法律事務所
録取者　弁護人　宮村　啓太

1　私は、甲野太郎の妻です。東京都〇〇市〇〇の自宅において、夫婦と娘の3人で暮らしております。
2　昨夜、夫が居酒屋でお皿やグラスを壊して逮捕されたと聞きました。私としましても、ご迷惑をおかけしたお店の方々に大変申し訳なく思っております。
　　今後、夫は弁護人を通じて謝罪と被害弁償をする考えであるそうですが、私も、速やかに被害弁償をすべきであると思いますので、必要な協力をします。
3　夫は、昨夜は珍しく外食すると言って出かけていきましたが、普段は外食することはほとんどありません。毎日、午後8時ころには帰宅します。結婚してからこれまで、夫が出張以外で外泊したことはありません。
　　今後、夫の身体拘束が解かれた暁には、夫が、逃亡、証拠隠滅、口裏合せまたは口止めなどの不正行為と疑われる行動をとらないよう、私からも十分に注意します。
　　なお、私は平日の日中にはパートタイマーとして働いている時間帯がありますが、夜間や土日・祝日は自宅におり、長期間にわたって自宅を空けることはありません。したがって、夫が仕事に出ている時間帯以外は、私が夫の生活状況を把握することが可能です。
　　夫の身体拘束を解くようお願いします。
平成24年〇月〇日
　　　供述者　甲野花子　㊞
以上のとおり録取して、閲読により誤りのないことを確認した。
　　　録取者　弁護人　宮村　啓太　㊞

　なお、勾留に関する意見書や保釈請求書に添付する家族などの名義の書面は、表題が「陳述書」とされ、供述を録取した弁護士の署名押印をしない体裁とされることが多い。
　しかし、刑事訴訟法上、人の知覚と記憶の内容を記載した書面の類型とし

て予定されているのは「供述書」と「供述を録取した書面」の2種類である（刑事訴訟法321条1項柱書参照）。そして、供述者が自ら供述内容を記載した書面が「供述書」であり、第三者が供述者から聞き取った供述内容を記録した書面が「供述録取書」であるとされている（松尾浩也監修『条解刑事訴訟法〔第4版増補版〕』848頁）。両者の区別は、供述者の署名または押印が証拠能力の要件として必要かどうかの場面において問題になる。

いわゆる「陳述書」は、上記の区別でいえば供述録取書に該当する。そして、民事訴訟で提出されるものと同様の体裁でも、供述者の署名または押印がある以上は証拠能力が認められる。しかし、本書では、書面の類型を正確に意識する観点から、弁護士が他人から聞き取った内容を記録した書面については「供述録取書」との表題と体裁を用いることとする。

(3) 勤務先代表者の供述録取書作成

初回接見の日のうちに甲野氏の勤務先の代表者にも連絡をとった。そして、翌朝には、代表者と、現場に居合わせた佐藤氏に会社で会うことができた。

代表者は、甲野氏のこれまでの勤務態度と長年にわたる会社への貢献を評価しており、幸いにして今回の一件による解雇や退職勧奨は考えていないという。また、甲野氏が反省していることを伝えたところ、勾留を回避するための書類作成に協力してもらえることになった。

そこで、代表者と佐藤氏の供述録取書を作成し、署名押印をしてもらうことができた。代表者の供述録取書には、甲野氏のこれまでの勤務状況を記載したほか、甲野氏が不正行為と疑われる行動をとらないよう監督する考えであることを記載した。佐藤氏の供述録取書には、今後、甲野氏の身体拘束が解かれた後に、事件に関して甲野氏との口裏合せと疑われる行動をとらないことを記載した。

なお、〈*Case* ①〉においては、初回接見の際に甲野氏と協議して、

○ 事件現場にいた同僚を通じて、逮捕された事実がすでに会社に伝わっていると予想されること

○ 甲野氏と代表者の信頼関係は厚く、逮捕されたことを理由として解雇
　されることはないと見込まれること

の2点から、弁護人が勤務先に接触したうえで、勾留を回避するための協力を求める方針をとることになった。

　しかし、一般的には、従業員が逮捕されたことを理由として解雇その他の懲戒処分に踏みきる企業もある。したがって、勤務先に対して誰からどのような連絡をするかについては、予想される身体拘束期間の見通しをも踏まえて、事案とタイミングに応じて被疑者と協議して慎重に判断する必要がある。

　⑷　被害店舗との示談交渉経過に関する報告書作成

　初回接見の際に、甲野氏から「被害店舗への謝罪と被害弁償をしたい」との申出があった。また、妻も被害弁償に必要な協力をするとの意向であった。

　そこで、インターネットで検索したところ、すぐに店舗の住所と電話番号が判明したことから、早速初回接見の日のうちに、被害店舗に電話をかけてみた。電話に出た店員とのやりとりは以下のとおりである。

弁護人：お忙しい時間帯に申し訳ございません。私は、弁護士の宮村と申します。昨夜ご迷惑をおかけして逮捕された甲野太郎の弁護人に選任された者です。

店　員：ああ、昨夜の件ですね。

弁護人：ご迷惑をおかけしまして申し訳ございませんでした。甲野に代わってお詫びと弁償についてのお話をさせていただきたく、おうかがいしたいのですが、お時間を頂戴することは可能でしょうか。

店　員：きていただくのは結構ですが、今日から明後日まで店長が東京を離れていて留守なんです。私たちアルバイトでは対応できないので、3日後にまたお電話いただけますか。店長に、連絡があったことは伝えておきますから。

弁護人：承知いたしました。それでは、またあらためさせていただきます。

　被害店舗の店長とすぐに会うことはできなかったが、アルバイト店員と話した感触では、話合いの機会をもってもらうことはできそうだ。「示談交渉や謝罪の申入れは一切受け付けない」との方針をとる企業もあるが、今回の被害店舗はそのような方針をとっているわけではなさそうだ。

　そこで、この経過を弁護人名義の報告書にまとめて、検察官に提出することにした。示談による解決の可能性があることは、勾留の必要性を低下させる事実として評価されうるし、直ちに被害弁償の申入れをしていることは、被疑者に罪証隠滅や逃亡を企てる意図がないことを裏付ける事実としても評価されうるからである。

　なお、〈*Case* ①〉では被害店舗に電話をかけて接触を試みたが、性犯罪事件を始め、被害者の連絡先を把握した後にまずどのような方法で接触するのか、手紙と電話のいずれが相当であるかなど、接触方法を慎重に検討すべき事案が少なくない。

8　検察官への意見書提出と面会申入れ

　以上のとおり作成した資料のほか、勤務先の会社の商業登記事項証明書を添付資料として、勾留請求をすべきではない旨の意見書を作成し、検察官に提出した。

【書式3】　勾留請求しないことを求める意見書（〈*Case* ①〉）

器物損壊被疑事件
　被疑者　甲野　太郎

　　　　　　　　　意　見　書

　　　　　　　　　　　　　　　　　　　　　平成24年○月○日

○○地方検察庁　検察官　殿

　　　　　　　　　　　　　　　　　　　　弁護人　宮　村　啓　太

第1　意見
　　被疑者を勾留する要件に該当する事由はないから、勾留請求をせずに被疑者を直ちに釈放すべきである。
第2　理由
　1　被疑者が定まった住居を有していること
　　　被疑者は、東京都○○市○○の自宅において、妻及び娘とともに暮らしており、定まった住居を有している。
　2　被疑者が罪証を隠滅すると疑うに足りる相当な理由はないこと
　　(1)　客観的可能性がないこと
　　　　被疑者が損壊した皿及びグラスは既に押収されている。また、被疑者が損壊行為に及んだ状況については、被疑者自身の弁解録取書及び供述調書が作成されているほか、被疑者とともに飲酒していた佐藤及び店員らの供述調書もすでに作成されていると考えられる。よって、客観的に、被疑者が罪証隠滅行為を図る余地はない。
　　(2)　主観的可能性もないこと
　　　　そして、被疑者は器物損壊行為に及んだことを真摯に反省しており、すでに弁護人を通じて被害店舗に謝罪と弁償の申し入れをしている。このような被疑者の態度に照らすと、被疑者に罪証隠滅行為に及ぶ意思のないことも明らかである。
　　(3)　周囲による監督が予定されていること
　　　　さらに、被疑者の妻及び勤務先の代表者は、被疑者が罪証隠滅と疑われる行動をとらないよう、被疑者の行動に注意することを誓約している。また、現場に居合わせた佐藤も、被疑者との口裏合せと疑われる行動をとらないことを誓約している。
　3　被疑者が逃亡すると疑うに足りる相当な理由もないこと
　　　被疑者は妻及び娘と3人で定まった住居に暮らしている。被疑者は、妻と結婚して以来、出張以外で外泊したことはなく、午後8時ころまでには帰宅する規則正しい生活を送ってきた。
　　　また、被疑者は、株式会社□□に就職して25年目になり、現在は同社で

営業部長を務めている。

　被疑者は、このような安定した生活環境にあり、逃亡して家庭と職場を失うような無思慮な行為に出ることなどあり得ない。
4　勾留の必要性もないこと

　いうまでもなく、身体を拘束され続けることによる被疑者の心身の負担は大きい。また、被疑者は3日後の〇月〇日に得意先との契約書調印の場に出席する必要がある。被疑者が欠席した場合には、得意先との取引が中止になり、勤務先に回復不能な損害が生じる可能性がある。

　他方で、上記のとおり勾留理由は存在しない。仮に罪証隠滅または逃亡をすると疑うに足りる相当な理由があると評価された場合にも、その程度は極めて低い。加えて、被疑者に前科・前歴がないこと、本件事案の内容及び示談交渉の見通しを踏まえれば、本件の処分としては略式命令請求または不起訴処分とされることが考えられ、捜査を進めるにあたって被疑者の身体を拘束すべき必要性は低い。

　したがって、被疑者の身体を拘束すべき必要性よりも拘束によって被疑者の被る不利益が著しく大きいから、勾留の必要性は認められない。
5　結語

　よって、勾留請求をすることなく被疑者を釈放すべきである。

添付資料

1　供述録取書（被疑者）
2　供述録取書（妻）
3　供述録取書（勤務先代表者）
4　供述録取書（佐藤三郎）
5　商業登記現在事項証明書（勤務先）

以　上

　そして、検察官に意見書を提出するとともに、面会を申し入れた。

　検察官や裁判官が面会に応じるかどうかはケースバイケースであり、「時間がない」との理由で断られることもある。しかし、相手を説得しようとするときには、書面を読んでもらうのみならず、直接会って話をするほうが間

違いなく効果的である。短時間でもよいので面会を求めるべきである。
　〈*Case* ①〉では、担当検察官と面会することができた。しかし、残念ながら検察官は勾留請求をした。

9　勾留請求された後の対応
(1)　裁判官への意見書提出と面会申入れ
　検察官が勾留請求をしたことを受けて、早速、裁判所の書記官に電話をかけて勾留質問の予定を確認した。
　すると、やはり甲野氏に対する勾留質問は翌日行われる予定であり、午前10時までに意見書が提出されれば担当裁判官が判断前に目を通すことができるとのことであった。また、担当裁判官との面会の約束もとることができた。
　そこで、早速、裁判官に勾留請求の却下を求める意見書を作成した。

【書式4】　勾留請求の却下を求める意見書（〈*Case* ①〉）

器物損壊被疑事件
被疑者　甲野　太郎

　　　　　　　　　　意　見　書

　　　　　　　　　　　　　　　　　　　　　　　平成24年〇月〇日
〇〇地方裁判所　刑事部　裁判官　殿

　　　　　　　　　　　　　　　　　　　　　弁護人　宮村　啓太

第1　意見
　　検察官の勾留請求を却下すべきである。
第2　理由
　　　（略）

```
┌─────────────────────────────────────────┐
│              添付資料                    │
│                                         │
│               (略)                      │
│                                         │
│                              以  上     │
└─────────────────────────────────────────┘

　意見書に記載する理由は検察官に提出した意見書とおおむね同内容であるが、検察官と面会した際に指摘された点があった場合には、裁判官も同じ点を気にするかもしれないので、その点を特にフォローする記述を追加することが考えられる。
　〈Case ①〉では、裁判官との面会の感触は悪くなかった。こちらから「何か追加すべき資料があれば早急に追完します」と申し出たところ、「もう十分に資料を集めていただいたと思いますので、追加をお願いするものはありません」との返答だった。
　裁判官と面会してしばらくしてから令状部の書記官に確認の電話をかけたところ、勾留請求が却下されたとのことであった。
　　(2)　勾留請求が却下された後の対応
　まだ安心することはできない。
　検察官が勾留請求却下の裁判に対して準抗告の申立て（刑事訴訟法429条1項2号）をする可能性があるからである。検察官が準抗告を申し立てる場合には、あわせて原裁判の執行停止の申立て（同法432条、424条）をするので、準抗告に関する裁判がなされるまでは被疑者は釈放されないことになってしまう。
　そこで、担当検察官に電話をかけ、準抗告を申し立てるつもりか否かを確認したが、申し立てないとのことであった。かくして、甲野氏は勾留されることなく釈放されることになった。
　ようやくひと安心だ。
　早速、甲野氏の妻に電話をかけて報告し、警察署まで迎えに行くよう依頼した。妻は心から安堵した様子であった。勾留請求が却下された場合や保釈
```

が許可された場合には、家族の迎えがなくても釈放される。しかし、家族が迎えにきてくれることで安心する被疑者が多いし、家族も迎えに行って一刻も早く被疑者に会うことを望むことが多い。そこで、検察庁や警察署の留置係に釈放の予定時刻を確認して、家族が迎えに行く段取りを調整するとよい。事案とスケジュールによっては弁護人が迎えに行くこともある。

10 勾留された場合の対応

〈*Case* ①〉からは離れるが、残念ながら被疑者が勾留された場合には、以下の対応をとることになる。

(1) 勾留状謄本の交付請求

被疑者が勾留状を執行された場合には、勾留状の謄本の交付を請求することができる（刑事訴訟法207条1項、刑事訴訟規則74条）。謄本の作成者は裁判所書記官であり（同規則37条）、謄本交付請求の宛て先は裁判所である。請求に際して費用は必要とされない（刑事訴訟法46条の例外的場合とされている）。

そこで、被疑者が勾留されたら、すぐに裁判所に勾留状謄本の交付を請求すべきである。謄本の交付を受けることにより、勾留の基礎になった被疑事実や、刑事訴訟法60条1項各号の勾留理由のうちいずれが認定されたのかを確認することができる。それらの情報を基にして、以後の対応を検討することになる。

なお、すでに勾留されている被疑者から私選弁護を受任した場合には、受任して直ちに、検察庁への弁護人選任届の提出とともに裁判所への勾留状謄本交付請求書の提出を行うべきである。

(2) 勾留理由開示の請求

勾留された被疑者の弁護人は、裁判所に勾留の理由の開示を請求することができる（刑事訴訟法207条1項、82条1項）。

VI 身体拘束を解くための弁護活動

【書式5】 勾留理由開示請求書（《Case ①》）

器物損壊被疑事件
被疑者　甲野　太郎

勾留理由開示請求書

平成24年○月○日

○○地方裁判所　刑事部　裁判官　殿

東京都○○区○○
宮村法律事務所
弁護人　宮　村　啓　太
電　話　03-○○○-○○○
ＦＡＸ　03-○○○-○○○

　頭書被疑事件において、被疑者は、平成24年○月○日に○○地方裁判所裁判官がした裁判により勾留されているところ、勾留の理由の開示を請求する。

以　上

勾留理由の開示に関連して、以下の点については解釈に争いがある。
- ○　いつの時点の理由が開示されるべきか（勾留の裁判をした当時の理由で足りるか、それとも理由を開示する時点での理由をも含むか）
- ○　いかなる範囲の理由が開示されるべきか（被疑事実の要旨と刑事訴訟法60条1項各号の要件のみを告知すれば足りるか、それとも犯罪の嫌疑および同項各号の要件について証拠資料まで示して具体的に告知しなければならないか）

これら論点については、新関雅夫ほか編『新版令状基本問題』463頁以下に詳細に検討されているので、参照されたい。

現在の実務上、裁判官が上記の論点についていずれも狭く解する見解を採用し、勾留状謄本から明らかになる以上の情報を得ることができずに終わることが多い。そのため、勾留理由開示請求はあまり活用されていないのが実

情である。

　なお、勾留理由の開示は公開の法廷で行われる（刑事訴訟法83条1項）。そして、被疑者および弁護人には10分以内での意見陳述の機会が与えられる（刑事訴訟法84条2項、刑事訴訟規則85条の3第1項）。

　そこで、
- ○　弁護人以外の者との接見が禁じられている場合に、家族と被疑者が法廷で顔を合わせられるようにすること
- ○　被疑者が意見陳述の機会に述べる言い分を勾留理由開示公判調書に残すこと

との副次的な効果をも考慮して勾留理由開示の請求をすることもある。

(3) 勾留の裁判に対する準抗告申立て

　被疑者を勾留する裁判に対しては、準抗告を申し立てることができる（刑事訴訟法429条1項2号）。申立てをした場合には、短時間でもよいので裁判所に面会を申し入れて、直接口頭での説得をすべきである。

【書式6】 勾留の裁判に対する準抗告申立書（<*Case* ①>）

器物損壊被疑事件
　被疑者　甲野　太郎

勾留の裁判に対する準抗告申立書

　　　　　　　　　　　　　　　　　　　　　　平成24年○月○日

○○地方裁判所　刑事部　御中

　　　　　　　　　　　　　　　　　東京都○○区○○
　　　　　　　　　　　　　　　　　宮村法律事務所
　　　　　　　　　　　　　　　　　弁護人　宮　村　啓　太
　　　　　　　　　　　　　　　　　電　話　03-○○○-○○○
　　　　　　　　　　　　　　　　　ＦＡＸ　03-○○○-○○○

頭書被疑事件において平成24年○月○日に○○地方裁判所裁判官がした勾留の裁判について、準抗告を申し立てる。
第1　申立の趣旨
　1　原裁判を取り消す。
　2　検察官の勾留請求を却下する。
　との決定を求める。
第2　申立の理由
　1　被疑者が罪証を隠滅すると疑うに足りる相当な理由はないこと
　　（略）
　2　被疑者が逃亡すると疑うに足りる相当な理由もないこと
　　（略）
　3　勾留の必要性もないこと
　　（略）

添付資料

（略）

以　上

　準抗告審の構造に関しては、続審ではなく事後審としてとらえるのが通説とされている。このことからすると、準抗告審において新たな証拠資料を提出したり、あるいは原裁判の基礎になっていない新たな事情を主張したりすることは原則として許されないようにも思われる。
　しかし、準抗告の目的や性質に鑑みて、
○　原裁判がなされた当時に客観的に存在した事実に関する証拠は、原裁判後に作成または入手されたものも含めて原則として準抗告審において取り調べて参酌することが可能である。
○　原裁判後に生じた新たな事情も、原裁判から短期間のうちに生じたものであり、それを取り調べることにより原裁判の結論に影響が及ぶ事実であって、迅速に取り調べることが可能であり、準抗告手続の中で取り調べて一挙に解決するのが適当と認められる場合には、取り調べて参酌

することが可能である。
と考えるのが実務の大勢とされている（傳田喜久＝河原俊也「準抗告裁判所の判断資料、裁判」判例タイムズ1179号85頁）。

　実際に、準抗告の申立書に新たに作成した資料を添付し、新たな事情を記載することは少なくない。

　もっとも、新たな事情の参酌が無制約に認められるものではないから、原裁判から相当期間が経ってから生じた示談成立などの事情を主張して身体拘束を解くよう求めるときには、次に取り上げる勾留取消請求を検討することになる。

　(4)　勾留取消請求・勾留執行停止申出

　勾留の裁判がなされた後に勾留の理由または必要性がなくなったときは、そのことを具体的に明らかにして裁判所に勾留の取消しを請求する（刑事訴訟法207条1項、87条1項）。

　また、勾留の理由または必要性はなくなっていないが身体の拘束が解かれるべき事情が生じたときには、勾留の執行を停止するよう裁判所に申し出るべきである（刑事訴訟法207条1項、95条）。勾留の執行を停止する事由について、条文上は「適当と認めるとき」と定められているが、具体的には、被告人が病気の療養をしなければならないときや、近親者の葬儀が行われるとき、学生が試験を受けるときなどが考えられる。

　なお、勾留取消請求を却下する裁判に対しては準抗告を申し立てることができる（刑事訴訟法429条1項2号）。他方、勾留の執行停止については、被疑者および弁護人に請求権が認められておらず、執行停止の申出は裁判所の職権発動を促す意味をもつものとされている。そして、職権発動がなされないときには、裁判がなされたわけではないので、不服申立てが認められていない（最二小決昭和61・9・25最高裁判所裁判集刑事243号821頁）。

Ⅶ 不起訴処分をめざす弁護活動

1 検察官による起訴・不起訴の判断事由

〈*Case* ①〉の弁護活動に戻ろう。検察官による勾留請求が却下され、甲野氏は、釈放された翌日から職場に復帰することができた。無事に取引先との会議にも出席することができた。

しかし、まだ事件の処分は決まっていない。検察官は、引き続き捜査を継続し、甲野氏の起訴または不起訴の処分を決することになる。弁護人としては、不起訴処分となるよう弁護活動を継続していく。

検察官が起訴・不起訴の判断をする際の主な判断事由は、以下のとおりである。

---

① 訴訟条件の有無

　事件が訴訟条件を具備していないときは不起訴処分とする。

② 犯罪の成否

　訴訟条件を具備していても、被疑事実が犯罪構成要件に該当しないときや、犯罪成立阻却事由が認められるときは、「罪とならず」との理由で不起訴処分とする。

③ 犯罪の嫌疑の有無

　被疑事実を認定すべき証拠のないことが明白なとき、またはその証拠が不十分であるときは、「嫌疑なし」または「嫌疑不十分」との理由で不起訴処分とする。

④ 刑の必要的免除事由の有無

　被疑事実を認定すべき十分な証拠はあるけれども、法律上刑が免除されるべきときにあたる場合には、「刑の免除」との理由で不起訴処分とする。

⑤　訴追の必要性の有無

　被疑事実を認定すべき十分な証拠があり、刑が免除されるべきときにあたらない場合でも、被疑者の性格、年齢および境遇、犯罪の軽重および情状並びに犯罪後の情況により訴追を必要としないときは、「起訴猶予」との理由で不起訴処分とする。

2　〈Case ①〉の起訴前弁護活動の目標

　〈Case ①〉では、甲野氏も器物損壊行為をしたことを認めている。そこで、「起訴猶予」により不起訴処分をめざすことになるようにも思える。

　しかし、その前に留意すべき事項がある。器物損壊罪は親告罪であるから、告訴が訴訟条件になる（刑法264条）。そして、親告罪について告訴権者がすでにした告訴を取り消せば、その事件は、担当検察官の裁量判断の余地なく、訴訟条件を具備していないとの理由で不起訴処分とされる。

　そこで、まずは被害店舗との示談交渉を通じて、甲野氏に対する告訴を取り消してもらうことをめざすことにする。

　なお、告訴の取消しは「公訴の提起があるまで」に限られている（刑事訴訟法237条1項）。甲野氏は勾留されずに釈放されたが、被疑者が勾留された事案では、検察官は、10日間ないし20日間の勾留期間内に起訴または不起訴の判断をするのが通常である（ただし、勾留満期に「処分保留」として釈放されることもある）。したがって、告訴の取消しによる不起訴処分をめざす場合には、検察官が起訴または不起訴の判断をするタイムリミットに注意しなければならない。

3　被害者との示談交渉に向けた準備

(1)　示談交渉の方針に関する被疑者本人との協議

　被害者との示談交渉に臨むにあたっては、あらかじめ被疑者との間で方針

をよく確認しておく必要がある。一般的に確認しておくべき内容は、民事の交渉案件と同様であり、以下のとおりである。

> ①　どのような賠償を申し出るか？
> 　　物損の賠償だけを申し出るのか、それとも慰謝料・迷惑料の支払いも申し出るのか？　具体的にいくらの金額を申し出るのか？
> ②　賠償を行う条件をどのように考えるか？
> 　　上記①の損害賠償は、被害者が告訴を取り消す場合にのみ行うのか、それとも、告訴は取り消されなくても示談（民事上の和解）が成立するならば行うのか、あるいは示談が成立しなくても賠償を行うのか？　示談が成立することを条件とする場合には、示談書に「許す」「処罰を望まない」との文言が盛り込まれることも条件とするのか？

　これらの点を明確に確認しないまま、たとえば、告訴が取り消されないのに示談を成立させ、あるいは、示談が成立していないのに被疑者から預かった金銭を損害賠償金の一部支払いとして被害者に支払ってしまった場合には、後に被疑者との間でトラブルになる可能性がある。
　そして、これらの点については、必ず被疑者本人の意思を確認すべきである。事案によっては、若年の被疑者や資力の乏しい被疑者に代わって、家族や知人が損害賠償金の支出を申し出てくれる場合がある。そのような場合であっても、家族や知人の意向のみに従って方針を決めるのではなく、必ず被疑者本人の意思を確認して示談交渉の方針を決めるべきである。
　〈*Case* ①〉では、甲野氏との間で事件処分の見通しを踏まえて打ち合わせた結果、以下の方針で被害店舗との示談交渉に臨むことになった。

> ○　告訴が取り消されるかどうかや示談が成立するかどうかにかかわらず、皿とグラスの弁償を速やかに行う。

> ○　さらに、今回の件で当日の被害店舗の営業に支障を及ぼしてしまったから、示談が成立して告訴が取り消されるのであれば、損害賠償金として10万円を支払う。

(2) 被害者の連絡先の把握

　示談交渉の方針が決まったとして、どのようにして被害者に接触するかも問題である。

　〈Case ①〉では、被害店舗の場所と名称がわかっていたので、インターネットで検索することですぐに住所と電話番号を把握することができた。

　しかし、個人が被害者である事件においては、起訴前の段階では被害者の連絡先を当然には把握することができない。裁判所から勾留状謄本の交付を受けても、そこに記載されているのは被害者の氏名のみである。

　このように被害者の連絡先を調べる術がない事案において、示談交渉を試みようとするときは、警察官や検察官に問い合わせることが考えられる。しかし、当然に連絡先を教えてもらえるわけではない。警察官や検察官が被害者の意向を確認した結果、「連絡先を教えないでほしい」との意向であれば、連絡先を教えてもらうことはできない。

　そのような場合には、さらに検察官に対して、「被害者に弁護人の連絡先を教えて、弁護人が連絡をいただきたいと言っていたことを伝えてほしい」と申し入れることもある。

4　〈Case ①〉における示談交渉

(1) 被害店舗の経営者との面談

　初回接見当日に被害店舗に電話した際に指定されたとおり、最初の電話から3日後にあらためて電話をかけてみたところ、店長と話すことができた。その結果、翌日の日中に「赤ちょうちん」で面談に応じてもらえることになった。

面談では、以下のことが明らかになった。

○　被害店舗は、店長である鈴木大輔氏が個人で経営している。
○　甲野氏が壊した皿は1枚2000円のものである。グラスは1個1000円のものである。よって、皿5枚とグラス2個が壊されたことによって生じた実損は、合計1万2000円である。
○　事件があった日、店内にはほかに約10名の客がいたが、警察がくる騒ぎになったので、代金をもらわずに帰ってもらった。
○　鈴木氏としては、甲野氏が反省しているのであれば、刑事事件として立件されなくてもよいと考えているが、弁償はしっかりしてもらいたい。

店舗は鈴木氏の個人経営とのことであるから、捜査機関に告訴をしたのは鈴木氏であり、今後の示談交渉の相手方も鈴木氏となる。

そして、鈴木氏は、1万2000円に加えて10万円の損害賠償金を支払うことで、示談を成立させ、さらに告訴を取り消すことに同意してくれた。

このように、〈Case ①〉では比較的スムーズに示談の合意に達することができた。

しかし、性犯罪事件を始めとして、被害者と会うことができた場合にも、損害賠償の話題になる前に被害者からさまざまなことを問われる場合が少なくない。

たとえば、以下のような質問である。

○　被疑者（被告人）は本当に反省しているのか？
○　弁護人はなぜ示談を望んでいるのか？
○　ここで示談に応じて不起訴処分とされ、あるいは量刑が減軽されたのでは、また同じような被害者を生むことにならないか？　そうならないようにするため、示談を成立させずに厳罰に処してもらったほうがよい

のではないか？
○ 被疑者（被告人）が二度と同じことを繰り返さないといえるか？　どうしてそのようにいえるのか？

いずれも、被害にあった側からすれば疑問に感じて当然の事柄である。それらの質問に弁護人が納得してもらえる回答をすることができなければ、示談交渉は前向きに進まないだろう。

(2) 示談書・告訴取消書の作成

鈴木氏との面談を終えて、早速、事務所に戻って示談書と告訴取消書の案文を作成した。

【書式7】　示談書（〈*Case* ①〉）

示　談　書

鈴木大輔（以下「甲」という。）と甲野太郎（以下「乙」という。）は、以下のとおり示談の合意をした。
1　乙は、甲に対し、平成24年○月○日午後11時ころ、東京都千代田区○○所在の甲の経営する飲食店「赤ちょうちん」内において、皿5枚及びグラス2個を損壊し、甲並びに同店舗内の従業員及び客に多大なる迷惑をかけたことを深く謝罪する。
2　乙は、甲に対し、前項の行為による損害賠償金として11万2000円の支払義務があることを認める。
3　乙は、甲に対し、前項の損害賠償金11万2000円を本日支払い、甲はこれを受領した。
4　甲は、乙の謝罪を受け入れて乙を許し、乙を被告訴人とする告訴を取り消す。
5　甲及び乙は、本示談書に定めるほか両者間に何らの債権債務も存しないことを相互に確認する。

以上のとおり合意したことを証するため、本示談書2通を作成し、甲が署名押印し、乙代理人が記名押印して、甲乙各自が1通ずつ保管する。

平成24年○月○日
(甲) 東京都○○区○○　鈴木　大輔　㊞
(乙) 東京都○○区○○　宮村法律事務所
　　　　甲野太郎代理人　弁護士　宮村　啓太　㊞

【書式8】　告訴取消書（《Case ①》）

告訴取消書

平成24年○月○日

○○地方検察庁　御中

住　所　東京都○○区○○
氏　名　鈴木　大輔　㊞

　被告訴人甲野太郎が、平成24年○月○日午後11時に、東京都千代田区○○所在の飲食店「赤ちょうちん」において皿5枚及びグラス2個を損壊した行為について、私が平成24年○月○日にした告訴を取り消します。

以　上

　示談書の第4項には「許す」との語句を使った。以前は、示談書において「宥恕する」との語句が使われることも少なくなかったようである。しかし、日常生活を送るうえで一般的に「宥恕する」という語句は使われない。示談書が調印された後、被害者が検察官に「『宥恕』の意味を理解していなかった」と述べた事案もあったようである。そこで、筆者は示談書においては「許す」との言葉を使うようにしている。

　なお、被疑事実が親告罪ではない場合には、上記した第4項に代わる条項として、「甲は、乙の謝罪を受け入れて乙を許すこととし、乙の処罰を求めない」と記載することがある。このように被害者が処罰を求めないとの意向を表明したことは、検察官が起訴猶予により不起訴とする方向で考慮される

事由になりうる。

(3) 示談書の調印

後日、あらためて鈴木氏から面談の時間をもらい、持参した示談書と告訴取消書の意味を丁寧に説明した。

そして、鈴木氏に内容を了解してもらい、示談書を調印したうえで、損害賠償金11万2000円を支払った。また、告訴取消書にも署名押印してもらい、弁護人から検察庁に提出することについて了解してもらった。

なお、検察官は、弁護人から告訴取消書や示談書が提出されれば、被害者に電話をかけて、被害者の真意によるものかの確認をする。そこで、鈴木氏にも、後日検察官から連絡があることを説明した。

示談書を調印する際に弁護人の説明が不十分であったり、不正確であったりすると、後日の検察官による確認の際に、「示談書の調印は真意によるものではなかった」と説明されるおそれがある。公判で弁護人が示談書の証拠調べを請求したのに対して、検察官が、「示談書の内容を誤解して捺印してしまいました」との電話聴取報告書の証拠調べを請求してくることもある。示談書調印時における被害者に対する丁寧かつ正確な説明は必要不可欠である。

5 検察官への告訴取消書の提出

早速、鈴木氏から預かった告訴取消書を検察官に提出した。こうして、甲野氏の器物損壊事件は不起訴処分とされることになった。

VIII 不起訴処分後の対応

甲野氏から、「社長に報告するために、不起訴処分になったことの証明書のようなものをもらえませんか」との要望があった。

そこで、検察官に対して、刑事訴訟法259条による不起訴処分告知請求を

行った。この請求に対しては、書面による告知がなされる。

［参考書式１］　不起訴処分告知書の例

不起訴処分告知書

平成24年○月○日

甲野　太郎　殿

　　　　　　　　　　　○○地方検察庁
　　　　　　　　　　　検察官　検事　○　○　○　○

貴殿の請求により下記のとおり告知します。

記

貴殿に対する器物損壊被疑事件については、平成24年○月○日公訴を提起しない処分をしました。

　　　　　　　　　　　　　　　　　　　平成24年検第○○号

Ⅸ
〈Case ①〉のポイント——勾留回避の重要性

　〈Case ①〉では、告訴取消しに向けた示談交渉ももちろん重要であったが、最も重要であったのは勾留請求を却下させた活動であっただろう。

　事案の内容や甲野氏に前科・前歴がないことからすれば、当初より略式命令請求か不起訴処分が見込まれた。しかし、後に不起訴処分になっても、13日間にわたって社会生活から隔離され、その間に勤務先の重要な取引が中止になってしまえば、勤務先と甲野氏に回復することのできない損害が生じるおそれがあった。

　勾留を回避するための活動は時間との戦いである。だからこそ、冒頭に述べたように、まずはできる限り早期に接見をすることが肝要である。そして、

迅速かつ臨機応変に勾留要件の不存在を明らかにするための資料収集活動を進める必要がある。

　なお、現在の被疑者国選弁護制度では、被疑者には、勾留状が発せられた場合にしか国選弁護人が付されない。

　しかし、〈*Case* ①〉から明らかなように逮捕されてから勾留されるまでの段階の初動が極めて重要であることからすれば、逮捕段階からの公的弁護制度の創設が今後の立法課題であろう。

第2章 否認事件の起訴前弁護活動
──迷惑防止条例違反被疑事件

I 依頼を受けた経緯

〈*Case* ②〉

月曜日の朝一番で、以前に担当した民事事件の女性依頼者から電話があった。昨日、警察から、息子さんが逮捕されたとの連絡があったそうだ。息子さんは大学4年生で、今は夏休み中であるという。女性は取り乱した様子で、「警察の人は街中で痴漢をしたとか言っていたけれども、わけがわからない、弁護を引き受けてほしい」という。

II 注視すべき点

〈*Case* ②〉における注視すべき点は、以下の2点である。

① 否認事件における取調べ対応
② 裁判所への証拠保全請求

III
初回接見での聞取り結果

1　被疑者の言い分

まずはできる限り早く接見して話を聞くことが重要だ。電話を切ってすぐに警察署に接見に行った。

> 弁護士：はじめまして、乙野次郎さんですね。お母様からの依頼で面会に参りました。宜しくお願いします。
>
> 乙野氏：宜しくお願いします。
>
> 弁護士：最初に乙野さんから何か確認しておきたいことなどありますか。
>
> 乙野氏：いえ、もう何が何だか、わからないです。
>
> 弁護士：そうですよね。それでは、まず私から説明と質問をさせていただきますね。逮捕されるのは初めてですよね。後ほど今後の手続の流れについて詳しくご説明します。最初にお聞きしたいのですが、今回、どのような罪を犯したと疑われているのですか。
>
> 乙野氏：警察官からは、池袋駅前の歩道で通りすがりに女性のお尻を触っただろうと言われています。
>
> 弁護士：その事実について、乙野さんの言い分はいかがですか。
>
> 乙野氏：女性のお尻なんて触っていません。無実です。

初回接見で被疑者の「無実です」との訴えを聞くと、身が引き締まる。無実の市民が罰せられることは、絶対にあってはならない。

2　事実経過や取調べ状況などの聞取り結果

接見を通じて、乙野氏から以下の説明を聞き取った。

〈被疑事実について〉
○　昨日の日曜日の午後1時頃、池袋駅前の商店街の歩道を歩いていた。天気が良くて暖かかったし、駅前広場ではイベントが、商店街ではセールが行われていたので、大変な人出だった。その人混みの中、池袋駅東口方面に向かって歩いていた。
○　すると、いきなり後ろから見知らぬ男性に羽交い絞めにされて、「お前、何やっているんだ」と言われた。そして、110番通報され、やってきた警察官に引き渡された。
○　警察官から聞いたところによると、歩道沿いの家電量販店の前に立っていた女性が、通りすがりに乙野氏にワンピースの上から尻を触られたと言っているそうだ。それで、女性といっしょにいた男性が乙野氏を追いかけて取り押さえたそうだ。

〈取調べ状況について〉
○　昨日は、警察署に連れてこられて、まず、両手の掌・手の甲・指にビニールテープのような物をあてられた。警察官は「繊維が付いていないか確認する」と言っていた。
○　その後、1時間ぐらい取調べを受けて、「女性の尻を触ってはいません」という弁解録取書に署名押印をした。また、身上・経歴についての供述調書が作成され、署名押印をした。
○　警察官からは、「女性の尻に手があたったのではないか?」、「そのようなことはないと言いきれるのか?」、「お前には将来があるのだから、あまり突っ張らないほうがいいぞ」と言われている。
○　警察官から、今日は昨日の行動について詳しく聞くと言われているが、取調べにどのように臨んだらよいか不安である。
○　警察官による取調べは録画されてはいなかった。

〈身上関係について〉

○ 逮捕されるのは初めてである。刑事裁判を受けたことはない。
○ 現在、大学4年生であり、来春から大手総合商社に就職する予定である。大学は来月まであと1か月間夏休みである。
○ 東京都八王子市内の実家で、両親と3人で暮らしている。

ここまで聞き取って、ふと疑問に感じたことがあった。乙野氏は何をしに池袋にきていたのだろう。池袋にきた経緯についての乙野氏の説明は何となく歯切れが悪かった。

そこで、再び詳しく尋ねてみることにした。

弁護士：昨日は、何をしに池袋にきていたのですか。
乙野氏：夏休みでアルバイトも休みで、予定がなくて暇だったので、ただ何となくぶらぶらしにきました。
弁護士：乙野さんの家から池袋まで、電車で結構時間がかかりますよね。その間には立川とか吉祥寺とか新宿とか、いろいろ大きな街がありますよね。
乙野氏：まあ、そうですね。
弁護士：池袋までこなければならない用事が何かあったのですか。
乙野氏：まあ、何となく昨日は……。
弁護士：乙野さん、私には守秘義務があります。ここでお聞きした内容を、乙野さんの了解なく第三者に漏らすことはありません。ご家族にも話しません。守秘義務に違反すれば、私は懲戒処分を受けることになります。絶対にそのようなことはしません。
乙野氏：うーん……。
弁護士：これから乙野さんの弁護をしていくためには、何が起きたのかを正しく知っておく必要があるんです。正しい事実関係を知っておかなければ、正しい弁護方針を立てることができません。

> 言いにくいこともあるかもしれません。しかし、言いにくいことこそ、私には教えてください。
>
> 乙野氏：はい……、わかりました……。実はアダルトDVDを買いにきたんです。家や大学の近くだと、知合いに店に出入りするところを見られてしまうかもしれないと思って、それで池袋まできました。警察官には持ち物を確認されているのでバレていると思います。でも、家族や友だちにそんなことがわかったら恥ずかしいですし……。それに、「休みの日にアダルトDVDを買いにきたような奴なら痴漢してもおかしくない」って思われるんじゃないかと思うと、自分からは言いづらくて……。だけど、痴漢なんて絶対にやっていません。

これで、当日の乙野氏の行動についての説明が腑に落ちた。

前にも述べたように、誰にでも話しづらいことがある。「無実の人こそ、疑われたくないがために嘘をついてしまうことがある」と言うベテラン刑事弁護士もいる。

今後の弁護活動の方針を立てるためには、不利な事実を含めて事実関係を可能な限り正確に把握しなければならない。聞取りを進めながら疑問に感じた点は、納得できるまで質問しなければならない。不明瞭な点をそのまま放置し、あるいは被疑者の説明に疑問点がないかを吟味することなく鵜呑みにしたのでは、有効な弁護活動をすることはできない。

IV 取調べに関する初回接見時のアドバイスと弁護人がとるべき対応

1　〈Case ②〉の逮捕初日の取調べ状況

初回接見の際、乙野氏から、「取調べにどのように臨んだらよいか不安で

す」との話があった。昨日の取調べの際に、取調べを担当した警察官と以下のようなやりとりがあったそうだ。

取調官：通りすがりに尻を触ったんだろ？

乙野氏：いいえ、触っていません。

取調官：被害者は、確かにお前に触られたって言っているんだよ。被害者が嘘をつく理由なんてないだろ？

乙野氏：でも、触っていないものは触っていません。

取調官：じゃあ、「手があたった」ということでいいか？

乙野氏：尻に手があたったなんていう記憶はありません。

取調官：駅前はものすごい人混みだったんだろ？　絶対に手があたっていないと言いきれるのか？

乙野氏：言いきれるかと言われると……。

取調官：「昨日はものすごい人混みだったので、池袋駅に向かって歩いている時に、女性の尻に手があたったのです」、こういうことでいいな？

乙野氏：でも、手にあたったという記憶はありませんし……。

取調官：突っ張るのはいいけど、否認し続けていると検事さんの心証が悪くなって裁判にかけられるぞ。それでもいいのか？　来春には就職だろ？　お前には将来があるんだから、よく考えろ。

乙野氏：はい……。

取調官：また明日、よく話そう。

　幸い、現時点では乙野氏の記憶に反する内容の供述調書は作成されていない。しかし、このまま取調べを受け続ければ、乙野氏が記憶に反する供述調書に署名押印をしてしまうおそれがある。弁護人が立ち会っていない状況で、取調官の執拗な説得や利益誘導に耐えきることは極めて困難である。

そこで、今後の取調べにどのような方針で臨むのか、初回接見の段階で乙野氏にアドバイスをする必要がある。

2　明確で具体的なアドバイスの必要性

取調べに臨む方針についてのアドバイスは、明確で具体的でなければならない。

時折、被疑者に対して、

○「供述調書は後の裁判で証拠にされますから、署名押印するときは十分に注意してください」

○「供述調書に書かれた内容を後で覆すことは難しいですから、署名押印するかどうかは慎重に判断してください」

というアドバイスがされているのを耳にすることがある。

しかし、「十分に注意してください」、「慎重に判断してください」と言われても、刑事手続に関する知識も経験もない被疑者には、何をどのように判断してよいかわからない。これではアドバイスとして不十分である。

否認事件では特に、被疑者がいざ取調べに臨んだ際にどのように対応したらよいのかを明確かつ具体的に理解できるアドバイスをする必要がある。弁護人がそのようなアドバイスをしなければ、被疑者が取調べにおいて適切に対応することは不可能である。

3　取調べ対応についての方針を検討する際の考慮要素

(1)　取調べ対応方針を検討する必要性

被疑者には黙秘権があるから、取調べで供述する義務はない。

また、刑事訴訟法198条5項は、「被疑者が、調書に誤のないことを申し立てたときは、これに署名押印することを求めることができる」との規定に続いて、「但し、これを拒絶した場合は、この限りでない」と規定している。つまり、供述調書の記載内容に誤のないことを確認したうえでもなお、被

疑者は供述調書への署名押印を拒絶することができるとされている。

　取調べで供述をし、さらに供述調書に署名押印をすることは、相手方当事者である捜査機関に情報取得のみならず証拠作成の機会を与えることにほかならない。取調べで供述をすること、そしてかりに供述する場合に供述調書に署名押印することが本当に被疑者の利益になるのか、十分に検討しなければならないはずである。

　民事事件において、自分の依頼者を1人で相手方代理人の事務所に行かせてヒアリングを受けさせるだろうか。そして、相手方代理人が作成した陳述書に、依頼者だけの判断で署名押印をさせるだろうか。

　　(2)　考えられる方針とメリット・デメリット

　取調べに臨む際の方針として、以下のものが考えられる。

　①　供述せず黙秘する。

　②　供述はするが供述調書に署名押印しない。

　③　供述し、かつ記載内容が正確である供述調書への署名押印をするが、不正確な供述証書には署名しないか、あるいは訂正の申立てをする。

　①は、捜査機関に情報を与えない方針である。②は、情報は与えるけれども証拠は与えない方針である（ただし、供述調書への署名押印を拒否しても、起訴後に検察官が、刑事訴訟法324条1項、322条1項により被告人の取調べ時の供述を内容とする取調官の供述に証拠能力が認められると主張し、取調官の証人尋問を請求する可能性は理屈の上ではある）。③は、情報も証拠も与えるけれども不正確な証拠は与えない方針である（これらの方針を検討する視点については、後藤貞人＝坂根真也「取調べを受ける被疑者へのアドバイス」自由と正義61巻2号79頁に詳細に論じられているので、参照されたい）。

　相手方当事者である捜査機関に情報や証拠を与えることは、原則として被疑者に不利益である。

　そのことを踏まえたうえで、供述することや供述調書に署名押印をすることによって、

ⓐ 取調べが厳しくなることが防止される。
ⓑ 身体拘束の長期化が回避される。
ⓒ 被疑者に有利な事実関係についての供述が証拠化される。
ⓓ 不起訴処分の可能性が高まる。

などの具体的なメリットがあるのか、さらにその具体的なメリットが捜査機関に情報や証拠を与えることによるデメリットを上回るのか、との視点から判断すべきである。

上記ⓓの点は、現在の実務上、被疑者が被疑事実を認めているときに、被疑者が供述調書への署名押印に応じていることが起訴猶予処分を相当とする事情として斟酌される場合があるのは事実であろう。しかし、否認事件の場合には、否認供述を録取した供述調書に署名押印することが有利な情状として斟酌されるとは思えない。また、被疑事実が殺人などの重大犯罪の場合には被疑者が被疑事実を認めていても起訴猶予になる可能性は極めて低く、不起訴処分になるとのメリットは現実には想定しがたい。

また、ⓒの点は、弁護人自身で被疑者の供述録取書を作成するとの対応が考えられるし、そのほうが不正確な証拠が作成されるリスクを回避することができる。

(3) 取調べが録画・録音される場合の留意点

取調べが録画・録音されている場合には、取調べで供述をする以上、供述調書に署名押印しなくても、捜査機関に証拠作成の機会を与えることになる。

よって、取調べが録画・録音される事案においては、被疑者が黙秘するか供述するかの判断が、「捜査機関に情報を与えるか」のみならず「証拠を与えるか」の結論にもつながることになるから、その判断が一層重要である。

4 〈*Case ②*〉における方針の検討と被疑者へのアドバイス

(1) 弁護人の検討

乙野氏は、取調べにおいてすでに「手があたった」との内容の供述調書に

署名押印するよう、説得されている。その説得の際には、「否認し続けていると検事さんの心証が悪くなって裁判にかけられるぞ」、「来春には就職だろ？ お前には将来があるんだから、よく考えろ」などとも言われており、乙野氏は動揺している様子である。このままでは、乙野氏は取調官のペースにはまってしまい、取調官の意向に従った供述調書に署名押印してしまう可能性がある。

また、東京都迷惑防止条例違反の法定刑は6か月以下の懲役または50万円以下の罰金であり（同条例8条1項）、いわゆる重大犯罪ではない。しかし、このまま否認を貫けば、嫌疑不十分とされない限り起訴される可能性が高いように思われるし、被疑事実を否認する内容の供述調書への署名押印に応じたからといって起訴猶予処分の材料になりうるとは思えない。

そこで、乙野氏と話しながら、取調べでは黙秘すべきであると判断した。

なお、否認事件においては、身体拘束されて間もない初期の段階からどのような供述態度をとるかが重要であるから、被疑者から「取調べにどのように対応したらよいですか」と尋ねられて、いったん持ち帰って検討するような対応をするべきではない。初回接見の段階から、具体的な方針を決めて、それを被疑者に明確にアドバイスする必要がある。

そのためには、日頃から考えられる方針のメリット・デメリットをよく考えて理解しておく必要がある。60頁に紹介した論稿をぜひ参照していただきたい。

(2) 乙野氏に対するアドバイス

初回接見において、ひととおり事実関係を聞き取った後に、取調べへの対応について乙野氏と以下のやりとりをした。

弁護士：乙野さんには黙秘権という権利があります。取調べで意思に反して供述をする義務はありません。

乙野氏：はい、刑事さんからも聞きました。

弁護士：また、取調べの時に警察官や検察官が供述調書をつくっても、乙野さんにはそれに署名する義務はありません。

乙野氏：そうなんですか？　てっきり、供述調書には署名しなければならないものと思っていました。

弁護士：「刑事訴訟法」という法律に、取調べについてのルールが定められています。この条文（198条5項）をみてください。ここに「但し、これを拒絶した場合は、この限りでない」と書かれていますよね。つまり、供述調書の内容には誤りがないことを確認した場合でさえ、署名を拒絶してかまわないとされているんです。

乙野氏：そうなんですか。刑事さんはそんなこと教えてくれませんでした。

弁護士：乙野さんが今後の取調べで話をすることに何のメリットもありません。

乙野氏：でも、黙秘なんてしたら、刑事さんや検事さんに怒られませんか？　それに、いろいろと質問されているのに黙り続けているなんて、そんな自信ないですよ。

弁護士：黙秘すれば、警察官や検察官は腹を立てるかもしれません。でも、このまま乙野さんが「女性の尻を触っていない」と主張し続ければ、検事は、疑いがないと判断すれば不起訴にするでしょうし、疑いがあると判断すれば起訴する可能性が高いように思います。そうすると、「刑事や検事が腹を立てないように」と考えて行動しても、乙野さんにメリットはありません。

乙野氏：なるほど。

弁護士：それに、昨日の取調べを受けてわかったと思いますが、供述調書が乙野さんの話したとおりにつくられる保障もないのです。ミーティングの議事録などをつくった経験があればおわかりで

>　　　　しょうが、人が他人から聞いた内容をまとめるときには、必ず
>　　　　まとめる人の意図や主観が入ります。取調官は乙野さんを疑っ
>　　　　ています。その取調官がまとめた供述調書に、弁護士の助言を
>　　　　得られない状態の密室で署名するのは、あまりに危険です。
> 乙野氏：確かにそうですね。
> 弁護士：それに、裁判になってから「あの調書がつくられた時にはこう
>　　　　いう事情があったんだ」と説明しても、供述調書の信用性を覆
>　　　　すのは難しいと思っておくべきです。
> 乙野氏：わかりました。先生のおっしゃるとおりだと思いますので、取
>　　　　調べでは黙秘をします。
> 弁護士：乙野さんが黙秘をすると、警察官や検察官がいろいろなことを
>　　　　言うでしょう。私は、明日も必ず接見にきます。迷ったら、供
>　　　　述をする前にまずは私に相談をしてください。
> 乙野氏：でも、そうすると、今の私の記憶が証拠に残らないので、裁判
>　　　　にかけられたときに、私の説明が後付けだと言われてしまいま
>　　　　せんか？
> 弁護士：大丈夫です。私が乙野さんの話を聞き取って供述録取書という
>　　　　書面にまとめておくようにします。

　実際には、これだけの短いやりとりで結論が出たわけではないが、要旨、このような経過によって、乙野氏は取調べにおいては黙秘をする方針で臨むことになった。

5　取調べ対応についてアドバイスをする際の留意点

(1)　アドバイスの具体性

　取調べへの対応について被疑者にアドバイスをする際には、被疑者が対応に迷わないよう、具体的かつ明確なアドバイスをしなければならない。

その具体性は、たとえば、取調べで黙秘するとの方針とするならば、氏名についても黙秘するのか、身上経歴はどうするのか、取調官の「雑談」には応じるのか、などについても明確にするものでなければならない。

供述はするけれども供述調書に署名押印しないとの方針とするならば、身上経歴に関する供述調書にも署名押印しないのか、裁判所での勾留質問調書はどうするのか、証拠物の任意提出書や取調べに関する取調状況記録書面への署名押印を求められたときはどうするのか、取調官から「こっちが書いたものに署名しないというのなら、自分で書いてくれ」と言われて白紙とボールペンを渡されたときはどう対応するのか、などについても明確にするものでなければならない。

(2) その方針をとった理由を納得してもらう必要性

黙秘や署名押印拒否の方針をとると、取調官は被疑者に対して供述および署名押印を強く説得してくる。それに屈することなく黙秘や署名押印拒否の対応を貫くことは、決して容易なことではない。

過去に、取調官から次のような発言をされた依頼者がいた。その依頼者は、取調べの状況を被疑者ノートに詳細に記録していた。

検察官：検事が話を聞いてその場でつくった調書に署名押印拒否なんてあり得ない。拒否するかもしれないなんて中途半端な取調べを検事が認めると思っているのか。私の取調べはここでは1、2を争う厳しいものだ。

被疑者：署名押印の拒否は認めないとおっしゃるのですね。

検察官：そうだ。誰に何を入れ知恵されたか知らないが、そんなものが通用するわけがない。

警察官：今日も黙秘か。自分にとって何も得はないのに。弁護士から何

> を言われたか知らないが、彼らの金もうけに利用されているだけだ。

　取調官からこのように言われ、それでもなお弁護人と打ち合わせたとおりの方針を貫くためには、被疑者自身が「どうしてその方針をとるのか」を理解し、そして納得していなければならない。その理解と納得がなければ、取調官の説得に屈してしまうこと必至である。
　前記した乙野氏とのやりとりは、この点の理解を得ることをめざし、考えられる方針のメリット・デメリットの説明を試みたものである。

(3) 取調官の予想される発言を先回りした「模擬取調べ」の有用性

　接見の際には、取調官の予想される発言を先回りして被疑者と打ち合わせておくことが有用である。
　筆者は、特に否認事件の場合には、接見室で筆者が取調官役になって「模擬取調べ」をして、取調官が被疑者に自白や自白供述調書への署名押印を説得してきた場合の対応を打ち合わせるようにしている。考えうる限りの最高に厳しい取調官になりきって模擬取調べをするため、後々依頼者に「あんなに厳しくなかったですよ」と言われることもある。
　そのようにして、取調官にどのようなことを言われるかをあらかじめ想定し、それに対する答え方を考えておけば、被疑者が心に余裕をもって取調べに望むことができる。

6　被疑者ノートの差入れ

　被疑者に対しては、「被疑者ノート」を差し入れるべきである。特に自白強要を受けるおそれのある被疑者には必須である。
　被疑者ノートは、被疑者において取調べ状況（取調時間、取調官の発言、供述調書の作成状況など）を記録するために用いるよう、日弁連が作成している冊子である。日弁連会員用ホームページにデータが掲載されている。それ

をアレンジして独自の被疑者ノートを作成している弁護士もいる。

　万一、違法ないし不適正な取調べによって被疑者の記憶に反する内容の供述調書が作成されたときには、取調べ状況を記録した被疑者ノートがその供述調書の任意性に疑いがあることを裏付ける重要な資料となる。

7　取調べ全過程録画・録音の申入れ

　さらに、取調べが録画・録音されていない事件では、捜査機関（検察官および司法警察職員）に対して、取調べの全過程を録画・録音するよう申し入れるべきである。現在、検察官および警察官による取調べについて録画・録音が実施されているが、全事件で録画・録音が実施されているわけではない。また、録画・録音が実施される事件においても取調べの「全過程」の録画・録音ではなく一部のみの録画・録音にとどまることがある。

　しかるに、取調べの全過程録画・録音には、取調官による違法または不適正な取調べを困難にするメリットがある。このメリットは、被疑者が取調べにおいて供述するか黙秘するかや、供述調書への署名押印に応じるか否かにかかわらず重要である。検察官による取調べが録画・録音された近時の事案においては、被疑者が黙秘したのに対して検察官による説得がさほど執拗ではなかったとの報告も聞かれる。

　そして、申入れに応じて全過程録画・録音が実施されなくても、弁護人からそのような申入れをしておくことには、

① 　捜査機関に対する牽制になり、取調べが抑制的になる。
② 　万一、被疑者が不本意な供述調書に署名押印してしまった場合に、弁護人からの申入れにかかわらず全過程録画・録音がなされなかったことが供述調書の任意性を疑わせる事情として評価されうる。

などのメリットがある。

　そこで、取調べの全過程録画・録音を求める申入書を検察官および司法警察職員に送付すべきである。

【書式9】 検察官に対する取調べの全過程録画・録音申入書（《Case ②》）

平成24年○月○日

○○地方検察庁　刑事部
○○　○○　検事　殿

東京都○○区○○
宮村法律事務所
弁護人　宮　村　啓　太
電　話　03-○○○-○○○
ＦＡＸ　03-○○○-○○○

申　入　書

前略
　被疑者乙野次郎氏に対する公衆に著しく迷惑をかける暴力的不良行為等の防止に関する条例違反被疑事件について、以下のとおり申し入れる。
　今後、被疑者の取調べを行う場合には、その全過程を録画・録音するよう求める。取調べの適正さを担保するとともに、取調べを通じたやりとりの内容について後に「水掛け論」になるのを防止するためには、取調べの全過程を録画・録音することが必要不可欠である。
　ついては、検察官において取調べの全過程を録画・録音し、併せて司法警察職員に対してその旨を指揮し、警察においても取調べの全過程を録画・録音されることを求める。

草々

　なお、このような申入書を送付すると、取調べの際に取調官が被疑者に対して、弁護人を誹謗する発言をすることがある。
　そこで、申入書の送付に先立って、被疑者に、取調べの全過程録画・録音の意義や、その実施を弁護人から申し入れることの意義をよく説明し、理解と納得を得ておく必要もある。

V 初回接見における供述録取書の作成

1 当日の行動についての供述録取書の作成

初回接見で、乙野氏から昨日の朝からの行動をひととおり聞き取った。そして、その内容を供述録取書にまとめて、末尾に乙野氏の署名押印を得た。

供述録取書の作成方法は、〈*Case* ①〉のときと同じである。乙野氏から聞き取った内容を手書きで整理し、アクリル板越しに乙野氏に読んでもらったうえで、最後のページだけを差し入れて末尾に署名押印してもらった。

2 男性・女性ともみ合いになった状況についての供述録取書の作成

初回接見で乙野氏の話を聞いて気になったことがあった。

乙野氏は、「警察署に連れてこられて、まず両手の掌・手の甲・指にビニールテープのような物をあてられた」という。警察官は「繊維が付いていないか確認する」と言っていたそうだ。警察官は、乙野氏の掌に女性のワンピースと同種類の繊維が付いていないかを鑑定して、付いているとの鑑定結果が出れば、乙野氏が女性の尻を触ったことの証拠にしようとしているのだろう。

他方で、乙野氏は次のようにも言っていた。「男性に羽交い絞めにされて、それを振りほどいたら、逃げようとしたと思われたらしく、女性・男性ともみ合いのようになった」というのである。そうすると、もし乙野氏の手に女性のワンピースと同種類の繊維が付いていたとしても、それは、女性の尻を触ったから付いたわけではなく、2人ともみ合いになった時に無意識のうちに女性のワンピースのどこかに触れたことによって付いたものである可能性がある。乙野氏によれば、女性が着ていたのは長袖のワンピースであり、その上に何も羽織っていなかったから、尻を触らなくても女性の体のどこかに手があたればワンピースの繊維が付く可能性がある。

しかし、鑑定結果をみてからこのような説明をしたのでは、「後付けの言い訳」とみられてしまいかねない。

そこで、この点についての供述録取書も作成しておくことにした。

【書式10】 被疑者の供述録取書（《Case ②》）

供述録取書

供 述 者　　乙野次郎
供 述 日　　平成24年〇月〇日
供述場所　　池袋警察署留置課内接見室
録 取 者　　弁護人　宮村　啓太

1　池袋駅東口に向かって歩いていて、突然羽交い絞めにされた後のことをご説明します。
2　私は、突然羽交い絞めにされて驚きました。右側から後ろを振り返ろうとしましたが、相手の顔は見えませんでした。
　私を羽交い絞めにしている者は、「お前、何やってんだ。」と言いました。それは男性の声でしたので、私を羽交い絞めにしているのは男性であることがわかりました。「何やってんだ。」と言われても、私には、何が起きたのかわかりませんでした。
　そして、私が両肩に力をこめて前のめりになるようにして男性から離れようとしたところ、男性の腕を振りほどくことができました。
3　すると、すぐに男性が「てめえ逃げるつもりか。」と言いながら私の右腕の肘のあたりを掴んできました。また、その場にいた見知らぬ女性に左腕の肘のあたりを掴まれました。その女性は、紺色っぽい色の長袖のワンピースを着ていました。私は、逃げるつもりはありませんでした。しかし、いきなりわけもわからず腕を掴まれる理由はありませんでしたので、両腕に力を入れて2人の手を振りほどこうとしました。しかし、2人は私の腕を強い力で掴んだまま離そうとせず、しばらく2人と揉み合いのようになりました。
　この時、意図的にではありませんが、女性のワンピースに私の手があたっ

たかもしれません。あたったとすれば、私の左手の甲です。右手は男性に掴まれていましたので、私の右手が女性にあたったことはないと思います。また、私は両手を「グー」の形にして握り締めるようにして力を入れながら腕を振りほどこうとしていましたから、掌が女性にあたったこともないと思います。

4 やがて、2人に掴まれている腕を後手にする姿勢にされ、私はそのままうつ伏せの姿勢で地面に押し付けられました。そして、やってきた警察官に引き渡されました。

平成24年〇月〇日

　　　供述者　　乙 野 次 郎　㊞

以上のとおり録取して、閲読により誤りのないことを確認した。

　　　録取者　　弁護人　宮 村 啓 太　㊞

乙野氏によれば、「もみ合いの中で女性に手があたったとすれば左手の甲である」という。もし、繊維鑑定によって乙野氏の左手の甲に女性のワンピースと同種類の繊維が付いていたことが判明した場合には、鑑定結果をみる前から「左手の甲」と部位を特定して説明していたことは、乙野氏の説明の信用性を補強する事情になる。

そこで、この点についての供述経過を証拠化するために供述録取書を作成したのである。

3　供述録取書への確定日付の取得

このように、初回接見の際に、当日の行動に関するものと、男性・女性の2人ともみ合いになった経過に関するものの2通の供述録取書を作成した。

これらの供述録取書については、初回接見が行われた日に作成されたものであり、バックデイトされたものではないことを明確にしておきたい。

なぜならば、まず、男性・女性の2人ともみ合いになった経過に関する供述録取書は、繊維の付着に関する鑑定結果をみるよりも前に作成されたものであるからこそ、「後付けの言い訳ではない」ことを明らかにする意味をも

つからである。

　また、当日の行動に関する供述録取書も、将来、防犯カメラ映像などの証拠の開示を受ける前から一貫した説明をしていた事実が、乙野氏の説明を補強する意味をもつ可能性がある。

　そこで、これらの供述録取書を公証役場に持参して、公証人の確定日付印を押捺してもらった。確定日付印とは、公証人が文書に日付入りの押印をすることにより、その文書が押捺日に存在することを証明するものである。

　手数料がかかるが、バックデイトされたものではないことの証明が意味をもつ可能性のある文書である限り、確定日付印を押捺しておくべきである。

　こうして、初回接見を通じて、

　　○　事実経過・取調べ状況・身上関係の聞取り
　　○　取調べ対応に関するアドバイス
　　○　聞取り結果に関する供述録取書の作成

を終えた。そして、弁護人選任届に乙野氏の署名押印を得て、委任契約書も調印し、弁護人として活動を進めていくことになった。

VI 勾留回避のための弁護活動

　早速、勾留を回避するための弁護活動を進める。

　〈*Case* ②〉において勾留を回避するために実施した弁護活動は、〈*Case* ①〉と異ならない。概要は以下のとおりである。

　　○　両親との面談・供述録取書作成
　　○　検察官宛ての意見書作成・検察官との面会
　　○　裁判官宛ての意見書作成・裁判官との面会

　残念ながら裁判官は勾留の裁判をした。そして、勾留の裁判に対する準抗告も棄却された。

　しかし、気落ちしてはいられない。乙野氏が勾留された以上、できる限り

頻繁に接見に通わなければならない。

なお、〈Case ②〉の頃とは異なり、最近は、法定刑が比較的重くない痴漢事件などの事案では、否認事件であっても裁判官が勾留請求を却下することが増えてきているようである。否認事件でもあきらめずに勾留回避の活動をしなければならない。

VII 逮捕された現場の確認

1　現場を訪れることの重要性

刑事事件であれ民事事件であれ、現場に足を運ぶことは重要である。受任案件が増えて忙しくなると、つい現場に足を運ぶことを怠ってしまうかもしれない。しかし、現場に行ってみると必ず新たな発見がある。

〈Case ②〉でも、初回接見を終えた帰りに乙野氏が逮捕された池袋駅前商店街を乙野氏と同じように池袋駅東口に向かって歩いてみたら、いくつかのことがわかった。

2　当時の状況を目撃した可能性のある関係者からの聞取り

警察官によると、乙野氏は、歩道沿いにある家電量販店の前で、女性の尻を触ったと疑われているようである。その家電量販店の前では、ワゴンタイプの自動車を改造したコーヒーショップが営業していた。

そこで、店員に声をかけてみる。

> 弁護人：すみません、こちらのお店は日曜日もこちらで営業していますか？
> 店　員：はい、毎日午前11時から午後4時まで、ここでやっていますよ。
> 弁護人：昨日の午後1時頃も、こちらで営業していたんですね？
> 店　員：はい、そうです。

> 弁護人：私、昨日の午後1時頃に、この通り沿いで逮捕された男性の弁護人をしている者なんです。
> 店　員：何か騒ぎがあったそうですね。私、昼の休憩をとっていて、ここにいなかったんですよ。
> 弁護人：その時にこちらにおられた方にお話をお聞きしたいのですが。
> 店　員：今日は休みですが、明日なら出勤していますよ。

　そこで、翌日、あらためてその店員に会って話を聞いてみた。
　しかし、昼過ぎの忙しい時間帯であり、警察官がきて初めて騒ぎに気づいたので、乙野氏や男性・女性がどのような動きをしていたかを見ていないそうだ。残念だ。

3　防犯カメラの設置位置の確認と対応の検討

　現場付近を歩いていて、歩道沿いの街灯の柱の上方には防犯カメラが設置されていることに気がついた。柱には「池袋駅前商店街組合」と書かれたプレートが付いている。この団体が管理している防犯カメラのようだ。
　このカメラには、逮捕される前の乙野氏や男性・女性の動きが映っているかもしれない。それによって、女性が人違いで乙野氏を犯人と思い込んだ経過が明らかになるかもしれない。あるいは、誰も女性の尻など触っていないことが明らかになるかもしれない。
　インターネットで「池袋駅前商店街組合」を検索してみたところ、組合事務所の電話番号が判明した。そこで、組合事務所に電話をかけてみたところ、以下のことが判明した。

- 　〇　街灯の柱に設置されている防犯カメラは、いずれも池袋駅前商店街組合で管理していることに間違いない。
- 　〇　24時間常に録画されており、録画された映像データは、組合事務所に設置されているハードディスクに保存される。

○　一定期間が経過すると保存されたデータに新たなデータが上書きされていく。
○　データが上書きされずに保存される期間は10日間である。
○　組合事務所に設置されているモニターで映像データを再生することができるしくみになっているが、プライバシー保護のため、私人からの閲覧申入れには一切応じない。
○　それぞれのカメラがどの角度で撮影しており、どの範囲の映像が撮影されるかについても、防犯上の理由から私人の照会には一切答えない。

担当者に事情を話して、映像を見せてもらえないかと交渉してみたが、「プライバシー保護」の一点張りである。

他方で、最近、警察官か検察官から問合せがあったかと聞いてみたところ、今のところないという。捜査機関は防犯カメラの存在に気づいていないのだろうか。

ともあれ、このままでは後数日で映像データが消えてしまうから、何らかの方策をとらなければならない。

刑事訴訟法179条1項による第1回公判期日前の証拠保全請求を検討することにした。

Ⅷ
第2回接見での被疑者とのやりとり

1　その後の取調べ状況

初回接見翌日の夜、乙野氏と2回目の接見をした。この日の日中、乙野氏は検察官の弁解録取を受け、検察官は勾留請求をした。

乙野氏は助言どおり黙秘することができたそうである。

しかし、乙野氏の様子が少しおかしい。悩んでいる様子である。聞いてみると、乙野氏は検察官から次のように言われたという。

「弁護士にどんな入れ知恵をされたか知らないけど、そうやって否認や

ら黙秘やらしていると、いつまでも出られないよ」
「来春には就職だろ？　否認しても裁判で無罪になる確率なんて１％もないんだよ。裁判で有罪になれば、内定も取消しだよ。認めて被害者と示談すれば不起訴にしてあげるから、どうすればいいか、よく考えなさい」
「正義を極めたくてお金にこだわらない人間は検事になるんだよ。お金を求める人が弁護士になるんだ。お金がかかるなら弁護人を早く解任したら？」

　身体を拘束され、弁護人の立会いのない密室での取調べにおいて、黙秘や否認の供述態度を維持することは、決して容易なことではない。取調官の説得や利益誘導に屈して虚偽の自白調書に署名することがないようにするには、弁護人ができる限り頻繁に接見に行き、そして適切なアドバイスをすることが必要不可欠である。

2　「認めたほうがよいのではないか」という被疑者との打合せ

　法定刑が比較的重くない痴漢事件などで、無実を訴えてきた被疑者から「否認を続けていると身体拘束が長引くし、起訴された後に無罪になるのは難しいから、認めたほうがよいのではないか？」と相談されることがある。
　乙野氏も、検察官から「否認しても裁判で無罪になる確率なんて１％もない」、「認めて被害者と示談すれば不起訴にしてあげる」と言われて心が揺れ動いたようだ。
　以下、第２回接見での乙野氏とのやりとりである。

乙野氏：先生、もう認めて被害者と示談したほうがいいんじゃないですか？　否認しても裁判で無罪になる確率なんて１％もないんですよね？
弁護人：わが国の刑事裁判の有罪率が高いのは事実ですが、それは、被

告人が罪を認めている事件も含む統計です。

乙野氏：でも、検察官は認めて被害者と示談すれば不起訴にすると言っていましたよ。そうすれば内定が取り消されなくてすみますし……。

弁護人：検察官に対して罪を認めても、被害者との示談が成立する保障はありません。もし示談が成立したとしても、検察官が不起訴処分にしてくれることが100％確実とはいえません。もし口約束どおり不起訴処分になっても、今回逮捕されたことが内定先企業に知られないこと、そして内定が取り消されないことの保障はありませんよ。

乙野氏：それはそうですね……。

弁護人：私は、本当は罪を犯したという方が、それを隠そうとして否認しても、裁判で無罪をとることはできないと思っておくべきだと考えています。罪を犯したのならば、それを前提に、不適正に重く処分されることがないよう弁護活動をしなければなりません。だから、もし、本当は罪を犯したのに否認しようとする方がいるとすれば、そのような対応に賛成することはできません。

　しかし、本当は罪を犯していない方が有罪になることは絶対にあってはならないし、そうならないために全力を尽くします。

　本当は無実なのに罪を認める供述をして、それで期待どおりに示談が成立しなかった、あるいは逮捕されたことを周囲に知られてしまったので、「やっぱり否認する」と言っても、もはや、検察官にも裁判所にも、そして家族や友人にも信じてもらえないかもしれません。そのような場合に、「真実を貫いておけばよかった」という後悔は、一生残ってしまうと思います。

　ですから、私は罪を犯していないのに罪を認めることには賛

> 成できません。

　簡単に答えが出る問題ではない。被疑者のおかれている立場をよく考慮して、時間をかけて話し合わなければならない。
　乙野氏は、「無実の訴えを貫き、自白しない」との決断をした。

3　防犯カメラに関する証拠保全請求についてのやりとり

　この日の接見で、乙野氏に、駅前商店街に設置されている防犯カメラの映像について、裁判所に証拠保全の請求をすることを考えていることを伝えた。
　ところで、弁護人からの請求によって刑事訴訟法179条1項による証拠保全が行われた場合には、検察官にその処分に関する書類および証拠物の閲覧および謄写権が認められる（刑事訴訟法180条1項）。つまり、防犯カメラの映像についての証拠保全が行われれば、検察官もその映像を見ることになる。その結果、万一、乙野氏が女性の尻を触っている場面が防犯カメラに映っていたならば、それが検察官によって決定的な有罪証拠として利用されることになる。
　そこで、乙野氏に、証拠保全の結果は検察官とも共有されることになることを伝えたところ、全く迷うことなく「ぜひ請求してください」、「無実が明らかになるはずです」との答えが返ってきた。
　この乙野氏の反応をみて、無実をあらためて確信した。そして、映像データが消去されないうちに一刻も早く証拠保全請求をすることにした。

4　違法・不適正な取調べへの対応

(1)　抗議の対応をとることの重要性

　第2回接見で乙野氏から聞き取ったところによると、検察官による取調べにおいて違法ないし不適正な発言があったようである。このような取調べを放置すれば、また同様のことが繰り返されることになるから、直ちに抗議の

対応をとるべきである。

　なお、万一、被疑者が違法・不適正な取調べに屈して自白供述調書に署名押印してしまった場合には、公判ではその自白供述調書の任意性には疑いがあるから証拠能力がないとの主張をすることになる（刑事訴訟法322条1項参照）。そのときに、弁護人が起訴前段階で捜査機関に対して何の抗議もしていなければ、裁判所は、「違法・不適正な取調べが行われたならば弁護人は抗議などの対応をとるはずである」との経験則に基づいて、何のアクションもとられていないことを「違法・不適正な取調べは行われていない」との認定の根拠にする可能性がある。この点からも、弁護人が厳然たる抗議の意思を表明しておくことは重要である。

　⑵ 〈*Case* ②〉における検察官に対する書面発送

　〈*Case* ②〉においては、検察官に宛てて【書式11】の抗議書を発送した。

【書式11】　違法な取調べに対する抗議書

```
                                            平成24年○月○日
○○地方検察庁　刑事部
○○　○○　検事　殿
                                        東京都○○区○○
                                        宮村法律事務所
                                        弁護人　宮　村　啓　太
                                        電　話　03-○○○-○○○
                                        ＦＡＸ　03-○○○-○○○

                        抗　議　書

前略
　被疑者乙野次郎氏に対する公衆に著しく迷惑をかける暴力的不良行為等の防止に関する条例違反被疑事件について、以下のとおり抗議するとともに申し入れる。
　貴職は、本年○月○日に行われた取調べの際に、被疑者に対して、「弁護士
```

にどんな入れ知恵をされたか知らないけど、そうやって否認して、しかも調書に署名しないなんて言い続けていると、いつまでも出られないよ。」などと述べて被疑者に自白を迫った。しかし、被疑者の身体拘束期間は刑事訴訟法によって厳格に定められているのであり、「いつまでも出られない」なる貴職の発言は、虚偽の事実を告知することによって被疑者に自白を迫る違法な取調手法である。

さらに、貴職は、同日の取調べにおいて、被疑者に対して、「お金を求める人が弁護士になるんだ。お金がかかるなら弁護人を早く解任したら？」などとも述べた。これは、弁護人との信頼関係の破壊を企てた発言であり、弁護人依頼権を侵害する違憲かつ違法な取調手法である。

よって、以上の違法な取調べが行われたことに厳重に抗議するとともに、今後、再び違法な取調べによって被疑者に自白を強要することのないよう申し入れる。

草々

なお、最高検察庁は、平成20年5月1日付けで「取調べに関する不満等の把握とこれに対する対応について」と題する通達を各地に発出している。この通達では、検察官による取調べに関して被疑者・弁護人から申入れがあったときは、「取調べ関係申入れ等対応票」を作成して申入れの内容等を記録して決裁官に提出して報告し、決裁官は速やかに所要の調査を行って必要な措置を講じることとされている。

よって、この通達により、検察官は弁護人からの申入れを無視することができなくなったといえる。

IX 裁判所への証拠保全の請求

1 第1回公判期日前の証拠保全請求の手続

(1) 証拠保全請求の要件

第2回接見を終えて早速、防犯カメラについての証拠保全請求の準備を進める。

刑事訴訟法179条1項による証拠保全請求の要件は、
- あらかじめ証拠を保全しておかなければその証拠を使用することが困難な事情があること
- 第1回公判期日前であること

である。請求権者の中に「被疑者」が掲げられていることからも明らかなように、公訴提起前であっても請求が可能である。

なお、捜査機関が収集し保管している証拠については、特段の事情が存しない限り、刑事訴訟法179条1項による証拠保全手続の対象にならないと判示した最高裁判例がある（最決平成17・11・25判例タイムズ1227号195頁）。〈Case ②〉では、捜査機関は商店街組合に接触していないとのことであり、映像データが保存されている記録媒体（ハードディスク）は同組合の事務所に保管されているから、この点は問題ない。

(2) 請求する処分の検討

裁判官に請求することができる処分は、「押収、捜索、検証、証人の尋問又は鑑定の処分」である。証拠物や証拠書類について、滅失、散逸、変更、改ざんまたは隠匿などのおそれがあるときには、押収の処分を請求することになる。

〈Case ②〉では、消去される前に証拠化しておきたい映像データは、商店街組合事務所内に設置されているハードディスクに保存されている。そうかといって、ハードディスクの押収を求めることは困難と思われるし、そもそも、ハードディスク自体に滅失や散逸のおそれがあるわけではない。問題は、ハードディスクに記録されている「映像データ」が消去されてしまうことである。

そこで、裁判官に対しては、組合事務所でハードディスクに記録されている映像を再生するという「検証」の実施を請求し、その検証結果について、映像データをコピーするか映像が再生されている場面をビデオ撮影することによって記録を残すよう請求することとした。

2 証拠保全請求書および疎明資料の作成と提出

(1) 証拠保全請求書の記載事項および疎明すべき事由

証拠保全請求書に記載すべき事項は、以下のとおりである（刑事訴訟規則138条2項）。

① 事件の概要
② 証明すべき事実
③ 証拠およびその保全の方法
④ 証拠保全を必要とする事由

そして、証拠保全を必要とする事由については疎明が求められる（刑事訴訟規則138条3項）。そこで、その必要性を理解してもらうため、商店街事務所の担当者から聞き取った映像データの保存・消去方法を弁護人名義の報告書にまとめて、請求書とともに提出することとした。

また、防犯カメラの設置状況も明らかにする必要があるので、写真と地図を用いた報告書を作成し、あわせて提出することとした。

【書式12】 写真撮影報告書（《Case ②》）

写真撮影報告書

平成24年○月○日

○○地方裁判所　刑事部　裁判官　殿

弁護人　宮　村　啓　太

　被疑者乙野次郎に対する公衆に著しく迷惑をかける暴力的不良行為等の防止に関する条例違反被疑事件に関して、以下のとおり写真撮影状況を報告する。
1　撮影日時
　　平成24年○月○日午後○時
2　撮影場所
　　通称「池袋駅前商店街」のうち東京都豊島区○○町□□番「池袋東ビル」

前から同区〇〇町◇◇番「西北ビル」前までの間（詳細な撮影地点は別紙1の地図に記載のとおり）
3　撮影した写真
　撮影した写真を別紙2として添付する。なお、撮影対象物は以下のとおりである。
　①　写真1・2
　　豊島区〇〇町□□番「池袋東ビル」前に設置されているカメラ
　②　写真3・4
　　同区〇〇町△△番「東南ビル」前に設置されているカメラ
　③　写真5・6
　　同区〇〇町◇◇番「西北ビル」前に設置されているカメラ

(2)　**証拠保全請求の管轄裁判所**

証拠保全請求の管轄裁判所は、以下の場所を管轄する裁判所である（刑事訴訟規則137条1項）。

①　押収：押収すべき物の所在地
②　捜索または検証：捜索または検証すべき場所、身体または物の所在地
③　証人尋問：証人の現在地
④　鑑定：鑑定の対象の所在地または現在地

起訴前事件を担当している検察庁に対応する裁判所や、起訴後事件が係属している裁判所ではないので、注意を要する。

(3)　**証拠保全請求書の提出**

裁判所に提出した証拠保全請求書は【書式13】のとおりである。

【書式13】　証拠保全請求書（《Case ②》）

公衆に著しく迷惑をかける暴力的不良行為等の防止に関する条例違反被疑事件
被疑者　　乙野　次郎

証拠保全請求書

平成24年○月○日

○○地方裁判所　刑事部　裁判官　殿

東京都○○区○○
宮村法律事務所
弁護人　宮　村　啓　太
電　話　03-○○○-○○○
ＦＡＸ　03-○○○-○○○

　被疑者乙野次郎に対する公衆に著しく迷惑をかける暴力的不良行為等の防止に関する条例違反被疑事件について、以下のとおり、刑訴法179条１項により証拠保全を請求する。

第１　請求の趣旨

　　東京都豊島区○○町○○番所在の池袋駅前商店街組合事務所内に保管されている、下記のカメラによって平成24年○月○日午後０時50分から午後１時10分までの間に撮影された映像が収録されている電磁的記録媒体を検証することを請求する。

記

　(1)　東京都豊島区○○町□□番「池袋東ビル」前に設置されているカメラ
　(2)　同区○○町△△番「東南ビル」前に設置されているカメラ
　(3)　同区○○町◇◇番「西北ビル」前に設置されているカメラ

第２　事件の概要

　　本件被疑事実は、平成24年○月○日午後１時ころ、通称「池袋駅前商店街」沿いである東京都豊島区○○町○番○号前路上付近において、被害者とされる女性の臀部を掌で触ったとされるものである。

　　事件現場とされる上記場所（別紙地図Ａ地点付近）付近には、防犯用と思われるカメラが設置されている。そして、弁護人の調査により、それらのカメラによって撮影された映像は短期間で上書きされて消去されてしまうことが判明した。そこで、それらの映像が収録されている電磁的記録媒体についての検証を求めるために本請求に及んだ。

第３　証拠及びその保全の方法

　　弁護人が現場付近のカメラの設置状況を確認したところ、前記第１(1)ないし(3)のとおりカメラが設置されていることが判明した（資料１）。

そして、池袋駅前商店街沿いに店舗をもつ事業者を構成員とする「池袋駅前商店街組合」に問い合わせたところ、上記カメラによって撮影された映像は、同組合の事務所（東京都豊島区○○町○○番）内に設置されている記録媒体に収録されており、同事務所内に設置されているディスプレイによって映像を閲覧することができるとのことである（資料2）。
　そこで、前記第1(1)ないし(3)の各カメラによって撮影された映像が収録されている電磁的記録媒体について、上記事務所内において再生し、同所に設置されているディスプレイに表示させる方法によって検証されたい。
　そして、検証結果については、上記事務所に保管されている電磁的記録媒体に収録されている映像データをDVD-Rなどの記録媒体にコピーするか、または、映像が再生されているディスプレイをビデオ撮影する方法によって記録されたい。

第4　検証によって証明すべき事実
　被疑者は被害者とされる女性の臀部を掌で触っていないこと

第5　証拠保全を必要とする事由
1　前記した各カメラは、被疑者が被疑事実の現場とされる家電量販店付近を通過した際の状況を撮影していると考えられるから、それらによって撮影された映像は、上記第4の事実の有無を明らかにする上で重要な証拠である。
2　そこで、弁護人は、カメラを管理している池袋駅前商店街組合に映像を閲覧したいと申し入れたが、「私人からの閲覧申入れには一切応じない。」との返答を受けた（資料2）。
　そして、同組合担当者の説明によると、
　　① 24時間常に録画されており、一定期間が経過すると撮影されたデータに新たなデータが上書きされていく。
　　② データが上書きされずに保存される期間は10日間である。
とのことである。
　したがって、早ければ○月○日には映像が消去されてしまうため、早急な証拠保全の必要性がある。

疎明方法

1　写真撮影報告書

2 調査経過報告書

以 上

3 証拠保全請求の却下決定

裁判所に証拠保全請求書を提出して数時間後、裁判所書記官から電話があった。「請求が却下されましたので決定書を受け取りにきてください」というう。

必要性は明らかであると考えていたので意外な決定であった。決定書を読んで却下された理由を理解した。

[参考書式2] 証拠保全請求却下決定書（《Case ②》）

平成24年（よ）第〇号

決　　定

住　居　東京都八王子市〇〇町〇〇番
被疑者　乙 野 次 郎
　　　　平成3年〇月〇日生

被疑者に対する公衆に著しく迷惑をかける暴力的不良行為等の防止に関する条例違反被疑事件について、平成24年〇月〇日、弁護人宮村啓太から証拠保全請求があったので、当裁判所は、次のとおり決定する。

主　　文

本件証拠保全請求を却下する。

理　　由

第1　本件証拠保全請求の趣旨及び理由
　　弁護人が作成した同日付け請求書のとおりであるから、これを引用する。
第2　当裁判所の判断

> 1 当裁判所の事実取調べによれば、請求書第1(1)ないし(3)のカメラは、被疑者が相手女性の臀部を触ったとされる地点を撮影していないことが認められ、検証の必要性がない。
> 2 よって、本件証拠保全請求は、保全の必要性がないので、これを却下する。
> 平成24年〇月〇日
> 　〇〇地方裁判所刑事第〇部
> 　　裁判官　〇　〇　〇　〇

「当裁判所の事実取調べによれば」と記載されていることからすると、裁判所は、商店街組合に問合せをしたのであろう。そして、カメラがどの範囲の映像を撮影しているかについて、商店街組合事務所は、弁護人の問合せには「防犯上の理由から私人の照会には一切答えない」との回答であったが、裁判所の問合せには回答したのだろう。その結果、乙野氏が被疑事実現場とされる家電量販店前を歩いて通りすぎた地点は撮影範囲に入っていないことが判明したため、検証の必要性がないとして証拠保全請求が却下されたものと考えられる。

乙野氏の無実を裏付ける決定的な証拠が得られると期待していただけに、残念である。

X 勾留期間延長の裁判に対する準抗告申立て

1 〈*Case ②*〉における勾留期間延長の裁判

その後も、乙野氏は捜査機関の取調べにおいて黙秘し続けた。そして、勾留期間（勾留請求から10日間）の満期が近づいてきた。

検察官に確認したところ、勾留期間の延長請求をする予定であるとのことであったので、延長しないよう裁判所に事前に意見書を提出したが、裁判所

は勾留期間を10日間延長する裁判をした。

　しかし、当初の勾留期間で起訴・不起訴の処分を決められない理由はなかったはずだ。それなのに安易に勾留期間が延長されたのでは、乙野氏が取調べに耐えきれずに虚偽の自白をしてしまいかねない。

　裁判所に準抗告の申立て（刑事訴訟法429条1項2号）をすることにした。

2　刑事訴訟法によって勾留期間の延長が認められる事由

　刑事訴訟法208条2項は、「やむを得ない事由があるとき」に勾留期間を延長することができると定めている。この「やむを得ない事由があるとき」とは、事件の複雑困難、証拠収集の遅延もしくは困難等の事情があり、勾留期間を延長してさらに取調べをするのでなければ起訴・不起訴の決定をすることが困難な場合をいうとされている（最判昭和37・7・3判例時報312号30頁）。

　しかし、〈Case ②〉が「複雑困難」な事件であるとは考えられないし、証拠収集が困難な事情もない。考えられる証拠収集活動としては、乙野氏の取調べ、被害者とされる女性および現場にいた男性からの事情聴取、現場の実況見分、乙野氏の手から採取された微物の鑑定などであろうが、いずれも10日間の勾留期間で捜査を尽くすことが可能であったはずである。

3　勾留状謄本交付請求による勾留期間延長理由の確認

　勾留期間延長の裁判がなされたときは、あらためて勾留状謄本の交付を請求するべきである（勾留状謄本交付請求手続については第1章Ⅵ10(1)参照）。勾留状の「勾留期間の延長」欄に、裁判官が勾留期間を延長した理由が記載されるからである。

　〈Case ②〉では、勾留期間延長の理由について「関係者取調べ未了」「鑑定未了」と記載されている。

　そこで、これらの理由が「やむを得ない事由」には該当しないことを明らかにして、準抗告を申し立てる。

4 準抗告の申立て

裁判所に提出した準抗告申立書は【書式14】のとおりである。

【書式14】 勾留期間延長の裁判に対する準抗告申立書（<*Case ②*>）

> 公衆に著しく迷惑をかける暴力的不良行為等の防止に関する条例違反被疑事件
> 被疑者　乙野　次郎
>
> 勾留期間延長の裁判に対する準抗告申立書
>
> 平成24年○月○日
>
> ○○地方裁判所　刑事部　御中
>
>
> 東京都○○区○○
> 宮村法律事務所
> 弁護人　宮　村　啓　太
> 電　話　03-○○○-○○○
> ＦＡＸ　03-○○○-○○○
>
>
> 　頭書被疑事件において平成24年○月○日に○○地方裁判所裁判官がした勾留期間延長の裁判について、準抗告を申し立てる。
> 第1　申立の趣旨
> 　1　原裁判を取り消す。
> 　2　検察官の勾留期間延長請求を却下する。
> 　との決定を求める。
> 第2　申立の理由
> 　1　「やむを得ない事由」が存在しないこと
> 　　本件には、「事件の複雑困難、証拠収集の遅延もしくは困難等の事情があり、勾留期間を延長して更に取調をするのでなければ起訴・不起訴の決定をすることが困難な場合」に該当する事由がない。
> 　　よって、「やむを得ない事由」が存在しないから、勾留期間延長請求は却下されるべきである。
> 　2　複雑困難な事件ではないこと

本件被疑事実は、被疑者が、通称「池袋駅前商店街」において被害者とされる女性の臀部を触ったとされるものである。

被疑者の起訴・不起訴の判断をするために考えられる証拠収集活動は、被疑者の取調べ、被害者とされる女性及び同人とともに現場に居合わせた男性からの事情聴取、現場の実況見分、被疑者の手から採取された微物の鑑定に尽きる。被疑者または被疑事実が多数であるとか、複雑な計算を要するであるとか、収集すべき証拠や事情聴取すべき関係者が多数であるといった事由はない。

よって、本件は「複雑困難」な事件ではない。

3 証拠収集が困難な事情もないこと

(1) そして、捜査機関は、被害者とされる女性や同人とともに現場に居合わせた男性の身元及び所在を把握しているし、同人らが病気などによって事情聴取に応じることができないとの事情も認められないから、同人らからの事情聴取に長期間を要する理由はない。刑事訴訟法によって原則とされている勾留期間である10日間のうちに同人らの事情聴取を終えることは可能であった。

なお、現場の付近では毎日午前11時から午後4時まで移動式のコーヒーショップが営業をしているが、弁護人の調査により、同店の店員は被疑事実が行われたとされる時点での被疑者らの行動を見ていないことが確認されている（資料1）。また、本件被疑事実は日曜日の繁華街において行われたとされるものであり、現場付近には不特定多数の通行人がいたが、現時点で捜査機関が目撃者を把握していないのだとすれば、さらに10日間勾留期間を延長したからといって、目撃者を見つけて事情聴取することができるとは考えられない。

(2) さらに、捜査機関は、被疑者の手指から採取された微物の鑑定を行っているようであるが、捜査機関は、被疑者が逮捕された当日のうちにそれらの微物の採取を終えている。それから勾留請求されるまでの期間も加えて11日間もの期間があったのであるから、10日間のうちに鑑定を終えることは可能であった。

(3) よって、捜査機関が10日間のうちに証拠収集を終えることが困難であるとする事情は何もなく、「関係者取調べ未了」あるいは「鑑定未了」を理由として勾留期間の延長を認めることは許されない。

4 結語

被疑者は、逮捕された翌日に検察官の取調べを受けた際に、検察官から「弁護士にどんな入れ知恵をされたか知らないけど、そうやって否認して、しかも調書に署名しないなんて言い続けていると、いつまでも出られないよ」と告げられている。

本件勾留延長請求は、何ら「やむを得ない事由」は存在しないのに、身体拘束期間の長期化を利用した自白強要を企図してなされたものに他ならない。

よって、原判決を取り消し、勾留期間延長請求を却下すべきである。

添付資料

1 事情聴取結果報告書

以 上

5 準抗告審の決定

準抗告を申し立てた当日のうちに、決定が発せられた。決定書は［参考書式3］のとおりである。原裁判を取り消したうえで、10日間ではなく6日間の延長を認めるとの内容であった。

［参考書式3］ 勾留期間延長の裁判に対する準抗告に対する決定（〈*Case* ②〉）

平成24年（む）第○号

決　　　定

被疑者　乙野　次郎

上記の者に対する公衆に著しく迷惑をかける暴力的不良行為等の防止に関する条例違反被疑事件について、平成24年○月○日○○地方裁判所裁判官がした勾留期間延長の裁判に対し、同月○日、弁護人宮村啓太から適法な準抗告の申立てがあったので、当裁判所は、次のとおり決定する。

主　文

原裁判を取り消す。
被疑者の勾留期間を平成24年○月○日から同月□日まで延長する。

理　由

1　本件準抗告の趣旨及び理由

　本件準抗告の趣旨は、原裁判を取り消し、本件勾留期間延長請求を却下するとの裁判を求めるというものであり、その理由は、勾留期間を延長すべきやむを得ない事由がないというものである。

2　当裁判所の判断

　そこで、勾留期間を延長すべきやむを得ない事由の有無について検討すると、原裁判は、関係者の取調べ及び被疑者の手指から採取された微物の鑑定になお相当日数を要することを理由に、検察官による10日間の勾留期間延長請求につきやむを得ない事由があると判断しているところ、一件記録によれば、原裁判時までの捜査の進捗状況を踏まえると、本件事案の真相を解明し、被疑者に対する適正な処分を決するためには、なお関係者の取調べ及び鑑定を進める必要性があると認められるから、被疑者の勾留期間を延長するやむを得ない事由があったというべきである。しかし、原裁判時までの捜査の進捗状況及びその後の捜査の進捗状況に関する当審における事実取調べの結果等にかんがみると、本件においては、今後の捜査の必要性を踏まえても、被疑者の勾留期間を10日間延長するまでの必要性は認められず、6日間に限って延長を認めるのが相当である。

　以上によれば、本件準抗告は、その限度で理由があるから、刑事訴訟法432条、426条2項により、主文のとおり決定する。

　　平成24年○月○日
　　　○○地方裁判所刑事第○部
　　　　裁判長裁判官　　○　○　○　○
　　　　　　裁判官　　○　○　○　○
　　　　　　裁判官　　○　○　○　○

　このように、勾留期間延長の裁判に対する準抗告を申し立てると、一部認

容されて延長期間が短縮されることがある。

しかし、なぜ、「6日間に限って延長を認めるのが相当」なのか、その理由は決定書からは読み取ることができなかった。

乙野氏は、いったん延長された勾留期間が4日間とはいえ短縮されたことを喜んでくれた。

XI 検察官による不起訴処分

乙野氏は、延長後の勾留期間満期まで、取調官に屈することなく黙秘し続けた。

そして、延長後の勾留期間満期当日、乙野氏は公訴提起されることなく釈放された。検察官に電話で不起訴処分の理由を尋ねたところ、「嫌疑不十分」とのことであった。釈放された乙野氏と事務所で対面した時の、乙野氏の安堵した表情は忘れられない。

XII 〈Case ②〉のポイント——無実の訴えを維持することの困難さ

〈Case ②〉では、乙野氏が取調官の自白強要に屈することなく取調べで黙秘し、無実を訴える姿勢を貫いたことが、「嫌疑不十分」による不起訴処分につながった。

乙野氏は、来春には大手総合商社に入社する予定の大学生である。そのような立場にあって、取調官から「来春には就職だろ？　否認しても裁判で無罪になる確率なんて1％もないんだよ。裁判で有罪になれば、内定も取消しだよ。認めて被害者と示談すれば不起訴にしてあげるから、どうすればいいか、よく考えなさい」と言われ、それでもなお無実の訴えを貫くことは容易なことではない。

被疑者が取調べにおいて黙秘し、または否認供述を維持すると、取調官は

さまざまな方法で説得を試みる。被疑者がそれに屈して虚偽の自白をすることがないようにするためには、あらかじめ弁護人が予想される取調官の説得を先回りして対応を打ち合わせておくこと、そして、頻繁に接見に赴き、状況を把握しながら被疑者へのアドバイスを継続し、必要に応じて捜査機関への抗議などの対応をとることが必要不可欠である。接見の回数が少ないと、弁護人よりも接する時間の長い取調官との間に「信頼関係」が築かれたように被疑者が感じてしまうことがあるので、十分な注意を要する。

　また、〈*Case* ②〉では功を奏しなかったが、弁護人は、捜査機関に証拠収集を委ねるとの受動的な姿勢にとどまるのではなく、関係者からの聞込みや刑事訴訟法179条1項の証拠保全手続の活用などにより、起訴前段階から積極的に無罪方向の証拠収集に努めることも重要である。

第3章 自白事件の起訴後弁護活動
──覚せい剤取締法違反被告事件

I 受任の経緯

〈*Case* ③〉

　被疑者国選弁護人として受任した覚せい剤取締法違反被疑事件が起訴され、起訴後弁護活動を進めることになった。公訴事実は覚せい剤の自己使用であり、被告人は使用した事実を認めている。

　被告人の丙野三郎氏は35歳の男性である。少年時代に少年院に送致された前歴があるほか、20歳の時に覚せい剤自己使用の公訴事実で起訴されて執行猶予付判決を言い渡された前科が1件ある。

　丙野氏は、少年時代から非行に走り、やがて暴力団事務所に出入りするようになった。組の先輩からもらった覚せい剤を使用して検挙されたのが20歳の時の前科である。執行猶予付判決を言い渡されたのを機に、丙野氏は暴力団と縁を切った。そして、建設会社で15年間にわたって真面目に働いてきた。25歳の時に友人の紹介で出会った女性と結婚し、今は2人の小学生の父親である。

　丙野氏は、「何とか執行猶予付判決をお願いしたい」と切望している。

　10年以上前のこととはいえ、覚せい剤自己使用の前科がある方の同種再犯である。実刑判決を言い渡されるおそれもありそうだ。

II 注視すべき点

〈*Case* ③〉における注視すべき点は、以下の2点である。
① 保釈請求
② 自白事件の公判準備

III 起訴状謄本の入手

起訴後の弁護活動を受任したら、まずは起訴状の謄本を入手して公訴事実を正確に把握しなければならない。しかし、刑事訴訟法および刑事訴訟規則には弁護人に起訴状の謄本を交付する根拠規定がない。

国選弁護人に対しては裁判所または法テラスから起訴状の謄本が交付される運用もなされているが、私選弁護人の場合には、被告人が送達を受けた起訴状謄本（刑事訴訟法271条1項）の宅下げを受けて入手することになる。

IV 公訴事実と被告人からの聞取り結果

1 公訴事実

起訴状によると、公訴事実は以下のとおりである。

公訴事実

被告人は、法定の除外事由がないのに、平成24年〇月〇日午後8時ころ、〇〇県〇〇市〇〇番地〇〇マート〇〇店駐車場に駐車中の自動車内において、覚せい剤であるフェニルメチルアミノプロパンの塩類若干量を自己の身体に注射し、もって覚せい剤を使用したものである。

罪名及び罰条	
覚せい剤取締法違反	同法41条の3第1項1号、19条

2　公訴事実についての被告人からの聞取り結果

接見を通じた丙野氏からの聞取りの結果は以下のとおりである。

○　公訴事実はそのとおり間違いない。反省している。
○　20歳の時に執行猶予付判決を受けた後、覚せい剤と無縁の生活を送ってきた。自分でも真面目にやってきたと思う。昨年暮れ頃、若い頃にいっしょに暴力団事務所に出入りしていた田中健一から電話があった。15年ぶりの連絡だった。「暴力団から足を洗って真面目にやりたいので、仕事を紹介してほしい」とのことであった。それから田中と時々会うようになった。
○　今年から職場で現場主任を務めるようになり、ストレスが増えるようになった。そして、今月初め頃、田中と会って酒を飲んでいる時に、部下とうまくいかず悩んでいることを話した。そうしたところ、田中が、「久しぶりにどうだ」と言って、白い粉の入ったパッケージを渡してきた。田中は口に出さなかったが、「覚せい剤だな」と思った。「そんなものいらない」と言えばよかったのに、つい受け取ってしまった。
○　その3日後、仕事でいら立つことがあった日の夜に、久しぶりに覚せい剤を使ってしまった。使った時は、「またやってしまった」という嫌な気持ちになった。
○　しかし、田中からもらった覚せい剤がまだ半分残っていたので、その1週間後にもう1回使ってしまった。逮捕されたのは2回目に使った当日である。その日も昼間に仕事で嫌なことがあった日だった。

○ その日は、仕事帰りに夜8時頃にコンビニエンスストアの駐車場に車を止めて、車の中で腕に注射して覚せい剤を使った。しばらく経って車を発進させて駐車場を出ようとした時に、ライトをつけ忘れており、駐車場を出てすぐのところで後ろからきたパトロールカーに停止を求められた。職務質問を受けた際に、車内から注射器と覚せい剤の空パッケージがみつかり、警察署に任意同行を求められた。

○ 警察署で提出した尿から覚せい剤反応が出たため、逮捕された。

同種前科があるとはいえ、15年間真面目に暮らしてきたことは間違いなさそうだ。実刑判決になれば、職を失ってしまうかもしれない。公訴事実に間違いがないのであれば、何としても執行猶予付判決を得たいところである。

V 保釈請求の検討

1 早期に身体拘束が解かれる必要性

身体を拘束されることによる心身の負担は甚大である。丙野氏は、逮捕されてから起訴されるまで13日間にわたって身体を拘束され、その間、子供に会うこともできず、心身両面にわたる疲労が蓄積していた。

そして、今後、公判で執行猶予付判決をめざすにあたっては、丙野氏が勾留されている状態で「真面目に再出発したい」と言うよりも、現に社会復帰して真面目に仕事に励んでいる状況を伝えるほうが説得力をもつ。

そこで、起訴されてすぐに保釈の請求をすることにした。

保釈許可の裁判がなされても、裁判所が定める金額の保証金を納付しなければ身体拘束は解かれないが（刑事訴訟法94条1項）、幸いにして丙野氏の妻側の実家が金銭面での支援を申し出てくれた。

2　刑事訴訟法上の保釈要件の確認

刑事訴訟法89条は、保釈の請求があったときには、同条1号から6号までに定められている除外事由に該当しない限り、保釈を許さなければならないと定めている（いわゆる「権利保釈」）。

また、権利保釈の除外事由に該当する場合であっても、裁判所が適当と認めるときには、刑事訴訟法90条により職権による保釈が認められる（いわゆる「裁量保釈」）。

よって、保釈請求を検討するにあたっては、まずは権利保釈の除外事由に該当するかを検討し、裁判所がいずれかの除外事由に該当すると判断する可能性がある場合には、裁量保釈を適当とする事由についても主張することになる。

裁量保釈が適当とされる場合を大まかに類型化すると、

① 本来の勾留理由や必要性が高くなく、保釈取消し（刑事訴訟法96条1項）や保証金の没取（同条2項）の制度によって逃亡のおそれや罪証隠滅のおそれを防止することができる場合

② 被告人側の防御準備のために保釈の必要性があるなど、公判審理の目的から考えて保釈が相当である場合

③ 被告人の医療の必要性等の勾留執行停止事由がある場合など、刑事司法の実現に優越する利益があり、その確保のために勾留により確保されるべき利益が劣後しなければならない場合

と整理される（小出錞一「公判前整理手続における準備の必要性をも理由として職権保釈を認めた事例」刑事法ジャーナル7号92頁）。

3　〈*Case* ③〉における保釈請求

(1)　保釈請求書

丙野氏は、権利保釈除外事由のいずれにも該当しないように思われる。しかし、いずれかの事由に該当すると判断される場合に備えて、勾留理由が高

くないことを明らかにする事情も付加し、【書式15】の保釈請求書を提出した。

なお、第1回公判前は、保釈に関する裁判を受訴裁判所ではなく裁判官が行うから（刑事訴訟法280条1項）、請求書の提出先をあらかじめ確認する必要がある。東京地方裁判所の場合には令状担当部である刑事14部が提出先になる。

【書式15】 保釈請求書（《Case ③》）

平成24年（わ）第○○号　覚せい剤取締法違反被告事件
被告人　丙野　三郎

保釈請求書

　　　　　　　　　　　　　　　　　　　　平成24年○月○日
○○地方裁判所　刑事部　裁判官　殿

　　　　　　　　　　　　　　　東京都○○区○○
　　　　　　　　　　　　　　　宮村法律事務所
　　　　　　　　　　　　　　　弁護人　宮　村　啓　太
　　　　　　　　　　　　　　　電　話　03-○○○-○○○
　　　　　　　　　　　　　　　ＦＡＸ　03-○○○-○○○

　頭書被告事件について、以下の理由から保釈を請求する。
第1　権利保釈除外事由の不存在
　1　はじめに
　　　刑事訴訟法89条1項1号、2号、5号及び6号に該当する事由が存しないことは明らかである。さらに、以下に述べるとおり同項3号及び4号に該当する事由も存しないから、被告人の保釈が許可されなければならない。
　2　被告人が「常習として」罪を犯したものではないこと
　　　本件公訴事実について、被告人に「犯罪を反復する習性」（東京高決昭和29・7・15判タ42号35頁参照）は認められない。
　　　被告人は平成9年に覚せい剤取締法違反の公訴事実で有罪の宣告を受け

たことがあるが、被告人は、それから15年間にわたり、覚せい剤その他の違法薬物を一切使用せず、暴力団との縁も断ち切り、犯罪と無縁の社会生活を送ってきた。

　本件公訴事実は、被告人が、過去に共に暴力団事務所に出入りしていた田中と15年ぶりに再会し、逮捕される10日前に覚せい剤を田中から渡されたため、田中から受け取った2回分の覚せい剤を使用してしまったというものである。被告人は、田中から勧められることがなければ覚せい剤を使用することなどあり得なかったし、田中から渡された2回分を使い切った後にさらに覚せい剤を入手して使用する考えもなかった。

　このように、本件公訴事実当時、被告人に覚せい剤を反復して使用する習性はなかったから、被告人は「常習として」罪を犯したものではない。

3　「罪証を隠滅すると疑うに足りる相当な理由」もないこと

　さらに、被告人が「罪証を隠滅すると疑うに足りる相当な理由」もない。

(1)　客観的可能性がないこと

　捜査機関は、公訴提起までに実行行為及びそれに至る経緯を立証するための客観証拠の収集（注射器及び空パッケージの押収並びに被告人が提出した尿の鑑定）を終えており、被告人の身体拘束が解かれてもそれらの証拠を隠滅する余地はない。

　また、覚せい剤の入手経緯についても、被告人は既に田中と再会してから覚せい剤を受け取るまでの経過を詳細に供述し、その内容が録取された供述調書に署名押印もしている。今後、入手経緯を偽るための何らかの不正行為をしても、実効性のないことは明らかである。

(2)　主観的可能性もないこと

　被告人は、逮捕されてから起訴されるまで、自らの認識する事実関係を捜査機関に対して供述し、事実関係を明らかにしてきた。このような被告人の態度に照らせば、被告人に罪証隠滅行為に及ぶ意思のないことも明らかである。

第2　裁量保釈を適当とする事由の存在

1　はじめに

　さらに、仮に何らかの権利保釈除外事由が存在すると解される場合にも、以下に述べる事情から裁量保釈が許可されるべきである。

2　逃亡のおそれがないこと

　　　　被告人は、起訴状記載の住所地において、妻及び2人の子供とともに暮らしている。妻は、被告人の身体拘束が解かれた暁には、被告人の行動に注意し、被告人が逃亡その他の不正行為をしないよう注意することを誓約している（資料2）。

　　　　そして、被告人は、株式会社〇〇に就職して15年目になる。同社の代表者は、被告人の15年間にわたる勤務態度を評価し、被告人が覚せい剤自己使用により逮捕・起訴されたことを承知の上で、継続雇用と勤務時間中の監督を申し出ている（資料3、資料4）。

　　　　このように、被告人は安定した家庭と職場をもっており、被告人が、10年間連れ添った妻を裏切り、さらに勤務先代表者の厚情に背いて逃亡を企てるとは考えられない。

3　身体拘束が解かれるべき必要性が高いこと

　　　　一般市民が身体を拘束されることによる心身の負担が甚大であることはいうまでもない。

　　　　そして、被告人が身体を拘束されている状態では弁護人との打合せの機会も限られるから、被告人が公判に向けて充実した防御準備を遂げるためには身体拘束が解かれる必要がある。

　　　　さらに、被告人には、腰痛症の持病があり、定期的に整形外科医の診察を受けてきた。ところが、身体拘束中は主治医の診察を受けることができずにいる。これまでの被告人の診療経過を正確に把握している主治医の診察を受けることができない状況が長く続けば、被告人の腰痛症が悪化するおそれがある(資料5)。そうなれば、せっかく勤務先から継続雇用の申出を受けたのに、建設会社において勤務し続けることが不可能になってしまう。

第3　結語

　　　　よって、保釈許可の裁判を求める。

　　　　なお、制限住居は、起訴状記載の住所地を指定されたい。

疎明方法

1　被告人の誓約書
2　妻の供述録取書
3　被告人の勤務先代表者の供述録取書

>   4　被告人の勤務先の商業登記現在事項証明書
>   5　被告人の主治医からの事情聴取結果報告書
>
>   　　　　　　　　　　　　　　　　　　　　　　　　　　以　上

(2)　保釈請求書の添付資料

　保釈請求書には、家族や勤務先関係者が保釈された場合の身元引受を誓約していることを明らかにする書面を添付する。書面の表題は「身元引受書」等とされることが多いが、【書式15】では「供述録取書」としている。

　表題や体裁はいずれでもかまわないが、その内容は、「保釈が許可された暁には、身元を引き受け、罪証隠滅、逃亡その他の不正行為に及ぶことがないように監督します」などの定型文のみならず、必要に応じて、被告人との関係や身体拘束が解かれた後に予定されている対応などを具体的に記載すべきである。第１章の〈*Case* ①〉に関して掲載した被疑者の妻の供述録取書（【書式２】）の例も参照されたい。

4　保釈請求書を提出した後の進行

(1)　検察官からの意見聴取

　弁護人が保釈を請求すると、裁判所は書面をもって検察官に意見を求める（刑事訴訟法92条１項）。

　検察官が裁判所に提出した意見書は、刑事訴訟法40条１項によって閲覧および謄写が可能である。検察官が保釈を不相当とする意見を述べた場合には、その内容次第では反論のために補充書または補充疎明資料を提出する必要があるから、閲覧または謄写をして検察官の意見を確認すべきである。

(2)　裁判官との面接

　保釈請求書を提出する際には、裁判官との面接を希望するかを尋ねられるが、裁判所が遠隔地にあるなどの事情がない限り、面接すべきである。面接が困難なやむを得ない事情がある場合には、電話での面接を申し入れることもある。

裁判官面接は、検察官から意見書が提出された後に行われるのが一般的である。そして、裁判官が保釈を許可する方向で検討している場合には、面接の際に保証金の金額についても意見を求められる。よって、遅くとも裁判官との面接までに、被告人やその家族に準備可能な保証金の金額を確認しておく必要がある。

(3) 〈Case ③〉における検察官の意見

〈Case ③〉では、検察官の意見書を閲覧したところ、「刑事訴訟法89条3号、4号該当事由が存在する上、職権で保釈を許すべき事情も認められず、不相当である」との内容であった。裁量保釈を不相当とする理由の中には、「被告人の前科関係に照らすと、本件は実刑判決が十分に考えられる事案であって被告人が実刑判決をおそれて逃亡を図る可能性が高い」と記載されていた。

やはり検察官は実刑相当と考えているようだ。しかし、実刑判決の可能性があるからといって直ちに逃亡の可能性が高いというのは、短絡的ではなかろうか。裁判官はどう考えるだろうか。

(4) 〈Case ③〉における裁判官面接

裁判官面接でのやりとりは以下のとおりであった。

裁判官：担当裁判官の○○です。宜しくお願いします。

弁護人：宜しくお願いします。

裁判官：検察官は、前科のことや、過去に暴力団に属していたことなども指摘していますが、もう10年以上前のことなんですよね。

弁護人：はい。この15年間は真面目に働いてきました。今は安定した職場に恵まれていますし、妻と2人の子供もいますから、逃亡するおそれはありません。

裁判官：そうでしょうね。覚せい剤を渡したとされる田中さんへの接触を禁止することとした上で、保釈を許可しようと思います。保

　　　　証金はいくらぐらい用意できますか。
弁護人：被告人の親族の援助で用意する予定なのですが、150万円が目
　　　　一杯です。150万円でお願いできませんでしょうか。
裁判官：150万円ですか……。この事案だと150万円よりもいくらか上乗
　　　　せしたいと考えていたんですがね。まあよいでしょう。それで
　　　　は今日付けで保釈許可決定を出します。制限住居は起訴状記載
　　　　の住所地で宜しいですね。
弁護人：結構です。ありがとうございました。

　無事に保釈が許可されることになった。丙野氏も家族も安心するだろう。
　ちなみに、裁判官との面接で保証金の金額が話題にならなければ、保釈請求が却下されることを覚悟することになる。

5　保釈許可決定書の受領とその後の対応
(1)　保釈許可決定書の記載内容

　裁判官との面接から1時間後、裁判所から「決定書が完成したので取りにきてください」との連絡があった。

　決定書の記載内容は［参考書式4］のとおりである。

［参考書式4］　保釈許可決定書

保釈許可決定

　　　　　　　　　　　　　　　被告人　丙　野　三　郎
　　　　　　　　　　　　　　　昭和〇〇年〇月〇日生

　被告人に対する覚せい剤取締法違反被告事件について、平成24年〇月〇日弁護人宮村啓太から保釈の請求があったので、当裁判所は、検察官の意見を聴い

た上、次のとおり決定する。

主　　文

被告人の保釈を許可する。
保証金額は金150万円とする。
　釈放後は、下記の指定条件を誠実に守らなければならない。これに違反したときは、保釈を取り消され、保証金も没取されることがある。

指定条件

1　被告人は、○○県○○市○○番地に居住しなければならない。住居を変更する必要が生じたときは、書面で裁判所に申し出て許可を受けなければならない。
2　召喚を受けたときは、必ず定められた日時に出頭しなければならない。出頭できない正当な理由があれば、前もって、その理由を明らかにして、届け出なければならない。
3　逃げ隠れしたり、証拠隠滅と思われるような行為をしてはならない。
4　海外旅行または3日以上の旅行をする場合には、前もって、裁判所に申し出て、許可を受けなければならない。
5　被告人は、田中健一に対し、直接又は弁護人を除く他の者を介して、面接、通信その他、手段・方法を問わず、一切の接触を行ってはならない。
　平成24年○月○日
　　○○地方裁判所刑事第○部
　　　裁判官　○　○　○　○

(2) 保証金の納付

保釈許可決定書を受領したら、直ちに保証金を裁判所に納付する。その納付を終えて初めて、保釈許可の裁判が執行される（刑事訴訟法94条1項）。

年末年始や連休などの直前に保釈が許可された場合には、保証金の準備と納付が遅れると釈放が大幅に遅れてしまう可能性がある。そこで、保釈請求書を提出した段階で、あらかじめ以後のスケジュールと保証金額を想定して、速やかに対応できるように家族らと段取りを打ち合わせておく必要がある。

保証金の納付は、裁判所から格別の許可がない限りは保釈請求者である弁護人の名義で行うことになるから（刑事訴訟法94条2項参照）、保釈の許可が見込まれる場合には、予想される保証金額を弁護人の預り金口座に預かっておくことが望ましい。

(3) 釈放後の被告人との打合せ

〈*Case* ③〉では、保釈が許可された日のうちに無事に保証金の納付を終え、丙野氏は釈放された。警察署に迎えに行った妻とともに、自宅に帰る前に事務所に立ち寄ってもらい、保釈許可決定書をみながら指定条件を確認した。

保釈許可決定書は被告人にも後日送達されるが、書面を読むだけでは理解できないこともあるから、保釈が許可されて間もない段階で弁護人の口から指定条件を説明しておくべきである。指定条件に違反した場合には、保釈が取り消され、あるいは保証金を没取されかねないから、条件の内容を被告人とその家族に正しく理解してもらうことが必要不可欠である。

また、無事に身体拘束が解けたとはいえ、ひと息つくわけにはいかない。丙野氏には15年前のこととはいえ同種前科があり、実刑判決の可能性がある。丙野氏とは、ここで気を緩めることなく公判まで生活態度に注意する必要があることを確認し合って、打合せを終えた。

6　保釈請求が却下された場合の対応

保釈請求が、第1回公判前に裁判官によって却下されたときは準抗告申立て（刑事訴訟法429条1項2号）を検討することになる。また、公判が進行したことによって罪証隠滅のおそれの不存在が明瞭になったなどの事情変更があったときは、再度の保釈請求をする。

VI 検察官請求予定証拠の検討

1 検察官請求予定証拠の閲覧・謄写

　第1回公判に向けて防御準備を進めるにあたり、検察官が公判で取調請求を予定している証拠書類および証拠物を検討する必要がある。

　刑事訴訟法299条1項は、証拠書類および証拠物の取調べを請求するにあたっては、相手方に「閲覧する機会」を与えなければならないと定めているが（なお、公判前整理手続に付された事件においては、刑事訴訟法316条の14第1項1号によって弁護人に謄写の機会も保障されている）、現在の運用では、検察官が弁護人に証拠書類の閲覧のみならず謄写も認めるのが一般的である。

　自白事件であれ否認事件であれ、防御準備を進める過程で随時、検察官請求証拠の内容を確認する必要が生じるから、証拠書類は原則として謄写すべきである。

　なお、事件関係者が作成したメモなどのいわゆる「証拠物たる書面」（刑事訴訟法307条参照）については、書込みをした筆記用具の特定や、書込みが修正液などで消去された痕跡の有無の確認をする必要もありうる。そのような場合には、謄写のみならず原本の閲覧もしなければならない。

2 証拠書類の写しの被告人への交付とその際の留意点

　証拠書類を謄写したら、その写しを被告人にも交付すべきである。

　本来、検察官が取調べを請求した証拠について同意または不同意の意見を述べるべき主体は弁護人ではなく被告人である（刑事訴訟法326条1項）。公判廷で裁判所は弁護人にだけ意見を聞くのが一般的であるが、それはあくまでも被告人の代理人としての弁護人の意見を聞いているものである。本来意見を述べるべき主体が被告人であるにもかかわらず、被告人本人が証拠書類をみないまま意見を決めるのは相当ではない。

ただし、被告人に証拠書類の写しを交付するにあたっては、刑事訴訟法281条の4および同法281条の5における「開示証拠の目的外使用禁止」の規定との関係に留意する必要がある。同法281条の4は、被告人および弁護人並びにそれらの地位にあった者は、検察官によって開示された証拠の複製物を防御準備以外の目的で使用してはならないと規定し、同法281条の5は最高で懲役1年の罰則を定めている。被告人に証拠書類の写しを交付するにあたっては、これらの規定について丁寧に説明すべきである（その他、証拠の複製物の取扱いをめぐる留意点については、武井康年＝森下弘編著『ハンドブック刑事弁護』304頁以下を参照されたい）。

　〈*Case* ③〉においても、早速、証拠書類の写しを丙野氏に渡して、検討を依頼した。

VII 公判に向けた訴訟活動の準備

1　公判前整理手続に付されていない自白事件における公判の概要

　公判前整理手続に付されていない自白事件では、公判はおおむね〔図1〕の流れで進行する。アンダーラインを引いたものが被告人および弁護人のなすべき訴訟活動である。

〔図1〕　公判の流れ（公判前整理手続に付されていない自白事件）

冒頭手続
① 人定質問
② 起訴状朗読
③ 黙秘権告知
④ 被告人の被告事件についての陳述
⑤ 弁護人の被告事件についての陳述

証拠調べ（検察官立証）

① 検察官の冒頭陳述
② 検察官の証拠調請求
③ 検察官の証拠調請求に対する弁護人の意見陳述・裁判所による採否決定
④ 検察官が取調請求した証拠書類および証拠物の取調べ
（⑤ 検察官が請求した証人の尋問）

証拠調べ（弁護人立証）
① 弁護人の証拠調請求
② 弁護人の証拠調請求に対する検察官の意見陳述・裁判所による採否決定
③ 弁護人が取調請求した証拠書類および証拠物の取調べ
④ 弁護人が請求した証人の尋問
⑤ 被告人質問

最終弁論
① 検察官の論告
② 弁護人の最終弁論
③ 被告人の最終陳述

　公判に向けて防御方針を検討したうえで、各訴訟活動の準備を進めることになる。

　なお、検察官は、まずは立証に必要と考える証拠書類および証拠物の取調べを請求し、弁護人が証拠書類について不同意意見を述べた場合に初めて、不同意とされた証拠書類の原供述者の証人尋問を請求するのが一般的である。そして、弁護人がすべての証拠書類について同意意見を述べた場合には、検察官の立証活動は証人尋問の請求をすることなく終了し、最終弁論・最終陳述までの手続が第1回公判で終えられることが多い。

　裁判所は、重大事件ではない自白事件の場合には、第1回公判で最終弁論まで終わるものと考えている可能性があるから、最終弁論まで終えることができない事情がある場合には、あらかじめ裁判所書記官にその旨を伝達しておくべきである（刑事訴訟規則178条の6第3項2号参照）。

2　公判における防御方針の検討

(1)　犯罪の成立を争うか否かの見極め

丙野氏は、起訴前から一貫して、公訴事実に記載された日時・場所において覚せい剤を注射して使用したことは間違いないと述べている。

もっとも、そうであるからといって、何の検討もせずに犯罪の成立に争いがないと早合点してはならない。

過去には、被告人が弁護人に対しても虚偽の自白を維持し続け、そのまま有罪判決が宣告されてしまった冤罪事件もある。被告人が自白している場合にも、自白の内容に不自然・不合理な点はないか、検察官から開示された証拠に疑問はないか、ひととおり慎重に吟味することを怠ってはならない。

また、被告人が実行行為をしたこと自体には間違いないと考えられる場合にも、証拠収集の過程に違法性がないか、そのほかに証拠能力に疑問のある証拠はないかについても、検討しなければならない。

〈Case ③〉では、丙野氏から職務質問を受けて逮捕されるまでの経過を詳細に聞き取り、その内容を検察官から開示された証拠とも照らし合わせた結果、丙野氏の説明に不自然・不合理な点はみあたらない。また、証拠収集の過程にも違法性はないと考えられる。

そこで、公判では、公訴事実を争わず、執行猶予付判決の獲得をめざすことにした。

(2)　執行猶予判決を得るための具体的な目標

検察官は、丙野氏に同種前科があることを強調して実刑判決を求めてくる可能性がある。

そこで、

○　丙野氏は15年間にわたって覚せい剤と無縁な社会生活を送っており、常習性はないこと

○　丙野氏には安定した家庭と職場があり、再犯抑止が期待されること

を具体的な立証課題とすることにした。

以下、このような目標の下で、具体的な訴訟活動の準備の過程を手続の順を追ってみていく。

🍀コラム　刑の一部執行猶予制度

平成28年6月から、刑の一部執行猶予制度の運用が始まった。その名のとおり、宣告刑の一部だけの執行を猶予することを可能とする制度である。刑の一部の執行を猶予する際には、「被告人を懲役2年に処する。その刑の一部である懲役6月の執行を2年間猶予する」というような主文が言い渡される。

刑の一部執行猶予制度の内容や弁護活動上の留意点については、拙稿「刑の一部執行猶予制度の概要」季刊刑事弁護87号52頁を参照されたい。

刑の一部執行猶予は、裁判所が全部執行猶予か実刑かの判断に迷った場合の中間的な選択肢ではなく、実刑相当と判断された場合にとりうる選択肢であるとされている。その制度趣旨に鑑みると、裁判所の判断のプロセスは以下のとおりとなる。

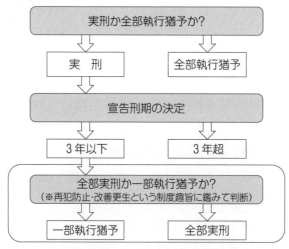

したがって、弁護人としても、まずは全部執行猶予を求めるべき事案か、それとも実刑やむなしの事案であるかを検討することになる。〈Case ③〉は全部執行猶予の可能性が十分にある事案だから、弁護人は、一部執行猶予制度下においても全部執行猶予を求めることになるだろう。

3　冒頭手続への対応

(1)　人定質問

　公判は、裁判所が被告人に人違いがないことを確かめるための人定質問をすることから始まる（刑事訴訟規則196条）。具体的には、氏名、住所、本籍および生年月日などを尋ねられる。

　丙野氏は人前で話すのに慣れていなかった。最初でつまずいてしまうと、後の手続に冷静に対応することができなくなる。弁護人が裁判長役をして、何度も人定質問からリハーサルをした。

　緊張すると「生年月日はいつですか」と尋ねられて「昭和○○年○月○日。」と語尾を省いて答えてしまうことがあるが、印象がよくないので、語尾までしっかり答える練習をしておくとよい。

(2)　被告人および弁護人の被告事件についての陳述

　人定質問の後、検察官が起訴状を朗読し、裁判長が黙秘権を告知すると、被告人および弁護人に被告事件についての陳述の機会が与えられる（刑事訴訟法291条3項）。

　具体的には、まず裁判長が被告人に「検察官が読み上げた公訴事実について、間違っているところはありますか」などと問いかけ、続いて「弁護人のご意見はいかがですか」と尋ねる。これらに対してどのように答えるかをあらかじめ決めておく必要がある。

　〈*Case* ③〉では、丙野氏からは「間違いありません」とだけシンプルに述べて、弁護人は「公訴事実は争いません」と述べることにした。

　なお、どんなに周到な準備をしていても、被告人本人は、公判当日には必ず緊張する。被告人がある程度の分量の陳述を予定している場合には、頭が真っ白になってしまった場合に備えて、陳述内容を書いたメモを持参するようアドバイスするのが一案である。もちろんメモを見ないで陳述するのが望ましいし、そのための練習を重ねるべきであるが、いざとなれば持参したメモを見ればよいと思うことで安心することがある。

4 検察官の証拠調請求に関する意見の検討

(1) 意見を検討する基本的な視点

　刑事訴訟法は、伝聞証拠について原則として証拠能力を否定している。例外的に証拠能力が認められる場合の１つが、相手方当事者が証拠とすることに同意した場合である（刑事訴訟法326条１項）。

　実務上、自白事件の場合には、検察官が取調べを請求した証拠書類に弁護人がいずれも同意意見を述べるのが原則であるかのようにみられることがある。しかし、あくまでも伝聞証拠には証拠能力が認められないのが原則である。その証拠書類を証拠とすることが不同意意見を述べるよりも被告人の利益になると判断される場合にのみ、同意意見を述べる、との視点をまず確認しておきたい。

　検察官から開示された証拠書類をよく吟味したうえで、結果的には、その全部または多くについて同意意見を述べることが被告人の利益になると判断される場合があるだろう。しかし、時折、「……という証拠があるのだけれども、不同意にしてよいだろうか？」との相談を受けることがある。同意意見を述べることが被告人の利益になるとの確信がもてない以上、不同意意見を述べるべきである。

(2) 〈*Case* ③〉における検察官請求予定証拠の検討

　検察官から開示された証拠書類の内容は、以下のとおりであった。

---

① 捜査報告書（職務質問から逮捕までの経過が記載されているもの）
② 尿の任意提出書
③ 尿の領置調書
④ 尿の鑑定嘱託書
⑤ 鑑定書（尿から「フェニルメチルアミノプロパンが検出された」と記載されているもの）
⑥ 注射器の写真撮影報告書

⑦　身上に関する被告人の警察官面前調書
⑧　覚せい剤使用状況に関する被告人の検察官面前調書
⑨　被告人の戸籍謄本
⑩　被告人の前科調書

これらの証拠書類について、丙野氏のコメントは、以下のとおりであった。

○　自分の供述調書を含めて、おおむね事実と異なる記載はみあたらないし、尿から覚せい剤成分が検出されたことも納得している。公判が長引くのは嫌なので、事実と異なる記載のない証拠書類については、同意意見を述べてほしい。
○　ただし、2点気になる点がある。
○　1点目は、捜査報告書に、職務質問を受けた際の状況について、「被疑者は終始逃走の気配を見せていた」と記載されている点である。素直に職務質問に応じたのに、そのように言われることは納得できない。
○　2点目は、注射器の写真撮影報告書である。写真が1枚しかなく、これだけでは本当に自分の車の中にあった注射器なのかわからない。

(3) 捜査報告書についての証拠意見の検討

まず捜査報告書に関しては、「被疑者は終始逃走の気配を見せていた」とある点について一部不同意意見を述べることにした。

このように不同意意見を述べることについて、「証拠書類を不同意にすると、証人尋問が行われることになるから、公判が長引くのではないか？」との懸念も考えられる。丙野氏も、「公判が長引くのは嫌だ」との意向であるため、同様の心配をした。

確かに、不同意意見を述べることで公判が1回では終わらなくなることも

ある。

　しかし、そもそも丙野氏の事件では、捜査報告書の一部について不同意意見を述べたからといって、証人尋問が実施されるであろうか。かりに職務質問の際に「逃走の気配」をみせた事実があったとしても、そのことが犯罪事実の認定や刑の量定において意味をもつとは考えられない。そうすると、検察官が捜査報告書の作成者の証人尋問を請求したとしても、そのような証人尋問に必要性は認められず、証人尋問請求に対する意見（刑事訴訟規則190条2項）を述べる際に関連性がない旨を指摘すれば足りるように思われる。

　丙野氏にはそのこともあわせて説明したうえで、一部不同意意見を述べる方針を決めた。

⑷　写真撮影報告書についての証拠意見の検討

　丙野氏は、注射器を使って覚せい剤を使用したことは間違いないし、その注射器は押収されているけれども、写真撮影報告書に写真が1枚しか添付されていないので、本当に自分が使った注射器の写真なのか判断できないという。

　そこで、検察官に押収されている注射器の現物を任意に開示するよう申し入れたところ、すぐに開示を受けることができた。そして、開示された注射器をいろいろな角度から写真に撮り、その写真と写真撮影報告書を照合しながら丙野氏に再度の確認を求めたところ、自分の注射器で間違いないという。

　そのため、写真撮影報告書について同意意見を述べることにした。

　このように、検察官が任意の証拠開示に応じることも少なくない。〈*Case* ③〉では、注射器現物の任意開示を受けることで事足りた。

　もっとも、法的義務によらない任意の証拠開示による場合には、どの証拠を開示するかの判断が検察官の裁量に委ねられ、防御準備に必要な証拠の開示を受けられる法的保障はない。

　そこで、防御準備を進めるうえで証拠開示を受ける必要性がある場合には、事件を公判前整理手続に付するよう請求すること（刑事訴訟法316条の2第1

項）も検討しなければならない。

(5) 検察官への証拠意見の見込みの通知

弁護人は、検察官から請求予定証拠の開示を受けたときは、第1回公判期日に先立って、証拠意見の見込みを検察官に通知しなければならない（刑事訴訟規則178条の6第2項2号）。

〈*Case*③〉では、上記のように検討した結果を踏まえて、捜査報告書の一部は不同意であり、その余は同意するとの見込みを書面で検察官に通知した。なお、その際には、「捜査報告書の不同意部分に記載されている内容を立証するための証人尋問請求がなされたときには、関連性なしとの意見を述べる予定である」旨を付記した。

結局、検察官からの証人尋問請求はなかった。

5　弁護人からの証拠調請求の準備

(1) 証人の選定

公判では、以下の事項を立証することによって執行猶予付判決をめざしたい。

○　丙野氏は15年間にわたって覚せい剤と無縁な社会生活を送っており、常習性はないこと

○　丙野氏には安定した家庭と職場があり、再犯抑止が期待されること

そこで、これらの2点を証言することができる証人として、妻と勤務先代表者の2人の証人尋問を請求することにした。

公訴事実に争いのない事件で複数名の証人尋問を請求すると、裁判所から、「情状証人は1人で足りるのではないか」、「もう1人については陳述書を提出することにしてはどうか」と言われることがある。

しかし、証拠書類と証人尋問では、伝わる情報の量と質に格段の差がある。証拠書類の取調べで済ませる場合には、裁判所は供述者の顔を見ることすらないのである。1人あたりの尋問時間を短縮させてでも、証人2人による立

証にこだわることにした。

(2) 証拠書類の検討

裁判所は、「また田中から覚せい剤を譲り受けるのではないか？」と懸念するであろうことが予想された。

丙野氏は、もう田中氏とは連絡を取り合わないようにするという。

そこで、丙野氏は、

① 自分の携帯電話の番号を変更すること
② 携帯電話端末に登録されている田中氏のデータを削除すること

を決めた。

そこで、早速、丙野氏は携帯電話番号の変更手続を行い、手続完了通知書の証拠調べを請求することにした。

さらに、携帯電話端末から田中氏のデータを削除する操作をしている画面を写真に撮り、弁護人名義の報告書を作成して、その証拠調べを請求することにした。

【書式16】 弁護人名義の報告書（〈Case ③〉）

平成24年（わ）第○○号　覚せい剤取締法違反被告事件
被告人　丙野　三郎

報　告　書

平成24年○月○日

○○地方裁判所　刑事部　御中

弁護人　宮村　啓太

　頭書被告事件について、被告人が使用している携帯電話端末における登録データ消去の経過を以下のとおり報告する。

1　データ登録状況

　被告人が使用している携帯電話端末の電話帳データには、「田中健一」名の登録が1件あった（別添写真1）。

2　データ削除状況

　そこで、本日、被告人は当職の面前において、「田中健一」名で登録されていた情報を消去したので、当職はその状況を写真撮影した（別添写真2・3）。

以　　上

⑶　公判での証拠調請求に向けた準備

　公判で証拠調べを請求するにあたっては、弁護人も検察官に対する証拠開示義務を負う。具体的には、証人の氏名および住居を知る機会を与えて、証拠書類および証拠物について閲覧の機会を与えなければならない（刑事訴訟法299条1項本文）。

　そこで、〈Case ③〉では、検察官に証人2人の氏名と住所を通知し、証拠書類2点の写しを交付した。厳密には写しを交付することと原本を閲覧させることは同義ではないが、写しを交付した後に検察官から原本を確認したい旨の申出がなければ、原本を閲覧する機会を与えたといえるだろう。

　さらに、公判で証拠調べを請求する際には、証人の氏名、住居、尋問見込時間および立証趣旨、証拠書類の標目および立証趣旨をそれぞれ記載した書面を提出しなければならない（刑事訴訟規則188条の2、188条の3第1項、189条第1項）。

　そこで、〈Case ③〉では、第1回公判での提出に備えて、【書式17】のとおり証拠調請求書を準備した。

【書式17】　証拠調請求書（〈Case ③〉）

平成24年（わ）第○○号　覚せい剤取締法違反被告事件
被告人　丙野　三郎

証拠調請求書

平成24年○月○日

○○地方裁判所　刑事部　御中

弁護人　宮　村　啓　太

頭書被告事件について、以下のとおり証拠調を請求する。
1　弁1号証（証人）
　　氏　　　名　　丙野　道子
　　住　　　居　　〇〇県〇〇市〇〇番地
　　主尋問見込時間　　5分間
　　立証趣旨　　①　証人と被告人が結婚してからの被告人の生活状況
　　　　　　　　②　今後の被告人の生活環境
2　弁2号証（証人）
　　氏　　　名　　佐藤　誠二
　　住　　　居　　〇〇県〇〇市〇番〇号
　　主尋問見込時間　　5分間
　　立証趣旨　　①　被告人が株式会社〇〇に就職してからの勤務状況
　　　　　　　　②　今後の被告人の就業環境
3　弁3号証（証拠書類）
　　標　　　目　　番号変更手続完了通知書
　　作　成　者　　株式会社〇〇
　　作　成　日　　平成24年〇月〇日
　　立証趣旨　　被告人が使用していた携帯電話回線の電話番号が変更されたこと
4　弁4号証（証拠書類）
　　標　　　目　　報告書
　　作　成　者　　弁護人　宮村　啓太
　　作　成　日　　平成24年〇月〇日
　　立証趣旨　　被告人が使用していた携帯電話端末に登録されていた田中健一のデータが消去されたこと

以　上

　なお、公判で採用された証拠書類の取調べをする際には、原則として弁護人が朗読または要旨の告知をすることになる（刑事訴訟法305条1項本文、刑事訴訟規則203条の2第1項）。

また、証拠書類が取り調べられた後は、原則としてその原本を裁判所に提出することになる（刑事訴訟法310条本文）。

証拠書類の取調べを請求する場合には、これらの手続への対応も準備しておかなければならない。

6 最終弁論の準備

第1回公判で結審まで予定されている場合には、検察官の論告に続く最終弁論の準備をして公判に臨む必要がある。もちろん、公判での証拠調べの結果を踏まえて、必要があれば準備してきた最終弁論に変更を加えなければならない。あらかじめ準備した最終弁論に縛られるべきではない。

7 被告人質問・最終陳述のリハーサル

被告人本人は、被告人質問や最終陳述の際にも必ず緊張する。いずれの手続についても十分なリハーサルが必要である。

被告人質問については、弁護人が検察官や裁判官の役をして、反対質問や補充質問のリハーサルをすることも必要である。また、最終陳述については、冒頭手続での意見陳述と同様、陳述内容を記載したメモを持参するよう準備しておくのも一案である。

8 被告人の服装

丙野氏は幸いにして保釈された状態で公判に臨むことになったが、被告人が勾留されている事件では、公判当日の服装を早めに決めておく必要がある。スーツやワイシャツなどの衣類の差入れには数日間を要することがあるからである。

なお、現在の運用では、勾留中の被告人にはネクタイの着用は認められていない（裁判員裁判対象事件についてのみ、被告人が希望すればワンタッチ式のネクタイが貸与される運用が行われている）。

VIII 第1回公判の進行

　以上の準備を経て、丙野氏の第1回公判を迎えた。公判は、準備したとおり滞りなく進行し、被告人質問での丙野氏の受け答えも落ち着いていた。
　被告人質問の一部を振り返ってみる。

〈被告人質問〉

> 弁護人：今の丙野さんと、15年前に逮捕された丙野さんにはどんな違いがありますか？
>
> 丙野氏：今の私には帰りを待ってくれる家族がいるところが違います。
>
> 弁護人：また覚せい剤を使ったら、家族との関係はどうなると思いますか？
>
> 丙野氏：私たち家族はもうバラバラになると思います。
>
> 弁護人：今後、田中さんとの関係はどうしますか？
>
> 丙野氏：縁を切ります。
>
> 弁護人：縁を切るためにどんなことをしましたか？
>
> 丙野氏：携帯電話から田中のデータを消して、携帯電話の番号も変えました。
>
> 弁護人：万が一、また覚せい剤のことが頭をよぎったら、どうしますか？
>
> 丙野氏：今日のこの法廷に妻が立ってくれた時のことを必ず思い出します。
>
> 弁護人：今後について、どんなことを誓えますか。
>
> 丙野氏：二度と過ちを繰り返さず、家族と社長を決して裏切らないことを誓います。

限られた時間に丙野氏自身の口で伝えたいことを語ることができるよう、主尋問・主質問では誘導尋問をせず、オープンな質問（「５Ｗ１Ｈ」で始まる質問）を重ねた（法廷での尋問技術については、キース・エヴァンス著・高野隆訳『弁護のゴールデンルール』と、日本弁護士連合会編『法廷弁護技術〔第２版〕』を参照していただきたい）。

　第１回公判で丙野氏の最終陳述まで終了した。弁護人からは、以下のとおり最終弁論をした。

〈弁護人最終弁論〉

> １．丙野さんに対する懲役刑の執行は、猶予されるべきです。
> ２．検察官は、丙野さんに同種前科があることを主な理由にあげて、実刑判決が相当であると主張しました。
> 　しかし、丙野さんは決して、常習的に覚せい剤を使っていたわけではありません。
> 　丙野さんは、20歳のときに執行猶予判決を受けてから15年間、覚せい剤とは無縁の社会生活を送ってきました。
> 　逮捕される10日前に田中さんから覚せい剤を受け取るまでは、覚せい剤を使ったことも所持したこともありませんでした。
> 　今回、丙野さんが覚せい剤を使ってしまったのは、15年ぶりに田中さんと再会し、その田中さんから覚せい剤を勧められ、その時に偶々職場でトラブルがあったという事情が重なったことによるものでした。
> 　丙野さんに覚せい剤使用の常習性はありませんでしたから、懲役刑の執行を猶予したとしても、罪刑の均衡を失するものではないはずです。
> ３．そして、丙野さんは、刑務所に収容されなくても、二度と覚せい剤を使用するおそれはありません。
> 　逮捕された丙野さんに帰りを待つ家族がいたのは、今回が初めてのことでした。
> 　妻の道子さんは、丙野さんのため、勾留中は毎日警察署に面会に通いました。
> 　面会に向かう途中、道子さんが夕立にあってずぶ濡れになったこともありました。

その道子さんの姿を見て、丙野さんは、今後また覚せい剤を使ったら、この大切な家族を失いかねないことに気付くとともに、二度と覚せい剤を使わないことを誓いました。
　　大切な家族の存在こそが、丙野さんの再犯を抑止するはずです。
4．丙野さんの誓約に嘘偽りはありません。
　　その証に、丙野さんは、田中さんと連絡を取り合うことがないように、携帯電話の番号を変更し、田中さんのメモリーデータも削除しました。
　　そして、丙野さんの周りには田中さん以外に覚せい剤の入手を取り次ぐ人物はいません。
　　田中さんとの連絡手段を消し去った今、丙野さんが再び覚せい剤の誘惑にかられることはありません。
5．丙野さんがここで覚せい剤との縁を完全に断ち切るためには、刑務所に収容するのではなく、家族と暮らして仕事に励みながら、自らの意思で自らを律し続けることこそが必要です。
　　そして、常習性がない丙野さんには、その機会が与えられるべきです。
6．そこで、丙野さんの再出発の決意を最後にあらためて確認した上で、今回に限り、懲役刑の執行は猶予されるべきです。

　自白事件の公判を傍聴していると、「公訴事実は被告人も認めているところであり、弁護人もこれを争いません。以下、情状について意見を述べます」と始まる最終弁論をみることがある。しかし、裁判所を含む全関係者が、冒頭手続の意見陳述の段階から「公訴事実は被告人も認めている」ことも「弁護人もこれを争わない」こともわかっているのだから、繰り返す必要はない。事案に応じて柔軟に最終弁論を工夫すべきであろう。
　丙野氏に対する判決宣告期日は、第1回公判の2週間後に指定された。

IX
保釈されている被告人が判決宣告期日を迎える際の留意点

1　実刑判決が宣告された場合の保釈失効

保釈を許可されている被告人が判決宣告期日を迎えるにあたって、懲役ま

たは禁錮の実刑判決が宣告された場合には保釈が失効することに留意しなければならない（刑事訴訟法343条）。

保釈中の被告人に第1審裁判所が懲役または禁錮の実刑判決を宣告した場合には、被告人は、判決宣告期日が終了した時点で身体を拘束されてしまう。

そこで、実刑判決の可能性がある事案においては、実刑判決が宣告されたときに再度の保釈請求をするかについて、あらかじめ被告人と打ち合わせておく必要がある。なお、再度の保釈が許可される場合には、第1審判決前に保釈が許可されたときよりも保証金が増額されるのが一般的であるから、追加で準備することができる保証金がいくらであるかも確認しておく必要がある。

また、再度の保釈請求には権利保釈の規定は適用されないので（刑事訴訟法344条）、保釈請求書を作成する際には注意しなければならない。

2 〈*Case* ③〉における対応

実刑判決が宣告された場合の対応について丙野氏の意向を確認したところ、丙野氏は、
- 〇 実刑判決であった場合には、控訴して高等裁判所の判断を仰ぎたい。
- 〇 また、仕事に突然穴を開けるわけにはいかないので、できるだけ早く再度の保釈を請求してほしい。

とのことであった。

そこで、万一の場合に速やかに対応することができるよう、判決宣告期日には以下のものを準備して臨むことにした。
- 〇 保釈請求書
- 〇 妻の身元引受書
- 〇 勤務先代表者の身元引受書

【書式18】 再度の保釈請求書（《Case ③》）

平成24年（わ）第○○号　覚せい剤取締法違反被告事件
被告人　丙野　三郎

保釈請求書

平成24年○月○日

○○地方裁判所　刑事部　御中

弁護人　宮　村　啓　太

　頭書被告事件について、下記の理由から保釈を請求する。

記

1　罪証隠滅の客観的可能性はない。
　　第1審において検察官が立証に供する証拠書類の取調べが一通り行われたから、もはや罪証隠滅の客観的可能性はない。
2　被告人が罪証を隠滅する主観的な可能性もない。
　　被告人は、保釈許可決定を受けて身体拘束を解かれた後、指定条件を遵守し、不正行為を一切することなく今日まで生活してきた。被告人は、今後も真摯に控訴審の公判審理に臨む心づもりでおり、罪証隠滅その他の不正を疑われる行為をする考えは全くない。
3　被告人の生活環境は安定しており、逃亡の恐れはない。
　　被告人の妻及び勤務先代表者は、本請求書に添付する身元引受書記載のとおり、引き続き被告人の身元を引き受け、保釈条件を遵守するよう監督することを誓約している。被告人の社会内での生活環境は安定しており、被告人が両名の厚情に背いて逃亡を企てる恐れは皆無である。
4　なお、保釈が許可される場合には、貴庁に納付済みの保釈保証金を、今般なされる保釈許可の裁判による保釈保証金に充当されたい。

以　上

X 判決宣告

　第1回公判の2週間後、丙野氏に対する判決宣告期日を迎えた。丙野氏は、前日は一睡もできなかったそうだ。無理もない。

　裁判官は、「主文、被告人を懲役2年に処する」と告げた後に、少しだけ間をおき、そして「この裁判が確定した日から5年間、その刑の執行を猶予する。被告人をその猶予の期間中保護観察に付する」と告げた。執行猶予判決だ。丙野氏もほっとした表情だ。

　裁判官が述べた量刑理由の要旨は以下のとおりであった。

〈量刑理由の要旨〉

>　本件は、覚せい剤の自己使用1件の事案である。
>　被告人は、覚せい剤取締法違反の前科1犯を有しているにもかかわらず、知人の田中健一から覚せい剤を譲り受けて使用し、本件犯行に及んだ経緯が認められる。この経緯等に照らせば、被告人の覚せい剤に関する規範意識の低さがうかがわれ、被告人の刑事責任を軽視することはできない。
>　しかし、他方で、①前記のとおり覚せい剤取締法違反の前科を有するものの、古いものであり、本件犯行は、前科に係る判決宣告から15年が経過した後のものであること、②その間に被告人が覚せい剤と関係をもっていたことを示す証拠はなく、平穏な社会生活を営んでいたことがうかがえること、③被告人は覚せい剤の入手先を含めて供述し、反省の態度を示していること、④携帯電話に登録された覚せい剤の入手先（前記田中）の電話番号を消去して自らの携帯電話番号を変更するなど、覚せい剤との縁を断ち切る態度を示していること、⑤情状証人として出廷した被告人の妻および勤務先代表者が、今後の被告人の監督を誓約しており、同人らも被告人の社会復帰を希望していることなど被告人のために酌むべき事情も少なからず認められる。
>　そこで、これら被告人のために酌むべき事情を最大限考慮し、刑の執行を猶予することとしたが、被告人には覚せい剤取締法違反の前科があること等に鑑み、その執行猶予の期間中、保護観察に付するのが相当と判断した。

執行猶予期間が5年間で、しかも保護観察付きであるから、本当にぎりぎりの執行猶予付判決である。

保護観察付執行猶予の場合には、執行猶予期間内には再度の執行猶予が認められない（刑法25条2項ただし書）。丙野氏は、覚せい剤を二度と使わないことは当然のこととして、交通事犯などにも気をつけなければならない。

XI 判決謄本の交付請求

刑事事件の場合には、民事事件と異なり、判決書の謄本は当然には交付されない。そこで、判決が宣告された後には、裁判所に判決書謄本の交付を請求すべきである。交付請求書には、判決書の枚数に応じて収入印紙を貼付しなければならないので、あらかじめ書記官に判決書の枚数を確認する必要がある。

XII 〈Case ③〉のポイント——保釈を活かした情状弁護活動

〈Case ③〉においては、丙野氏が保釈を許可されてから公判までの間を通じて、妻や勤務先代表者に見守られながら平穏な社会生活を送った実績を示すことができたことが、執行猶予付判決を得るうえで大きなポイントになったと思われる。

裁判員制度の実施を契機として、裁判所関係者からも保釈をより広く認める方向で運用を改善する必要があるとの意見が述べられるようになり（松本芳希「裁判員裁判と保釈の運用について」ジュリスト1312号128頁参照）、裁判員の参加する刑事裁判に関する法律（裁判員法）施行後には、殺人既遂や傷害致死などの重大事件でも保釈が許可される事例が報告されている。

保釈の運用の変化を推し進めるためには、弁護人が粘り強く保釈請求を積み重ねる実践が重要であろう。

第4章

否認事件の起訴後弁護活動
——強盗致傷被告事件

I 受任の経緯

〈*Case* ④〉

　知人の弁護士から、私選で受任している強盗致傷事件の被疑者が起訴されたので、弁護人に加わってほしいとの連絡があった。依頼者の丁野四郎氏は無実を主張しているという。

　強盗致傷被告事件は裁判員裁判の対象事件である（裁判員の参加する刑事裁判に関する法律2条1項）。
　受任して、裁判員裁判に向けて防御準備を進めることになった。

II 注視すべき点

〈*Case* ④〉における注視すべき点は、以下の2点である。
① 公判前整理手続の活用
② 裁判員裁判事件の公判準備に関する留意点

公訴事実

起訴状によると、公訴事実は以下のとおりである。

公訴事実

　被告人は、鈴木久と共謀の上、山田洋一から金員を強取しようと企て、鈴木が、平成23年12月2日午後11時ころ、……所在の京浜ストア駐車場において、山田に対し、持参したバットで殴りかかる暴行を加えて、山田が抵抗できないようにした上、同人が所有又は管理する現金50万1000円在中のハンドバックを強取し、その際、上記暴行により、同人に全治まで約2か月を要する右前腕部骨折の傷害を負わせたものである。

罪名及び罰条

　強盗致傷　　　刑法240条前段、60条

被告人である丁野氏自身は実行行為を行っておらず、実行行為をした鈴木氏との共謀共同正犯と疑われているようである。

〔図2〕 〈*Case* ④〉 公訴事実

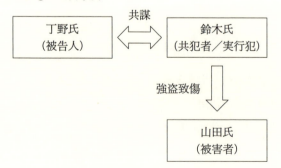

Ⅳ 丁野氏からの聞取り結果

早速、丁野氏に接見して事情を聞き取った。結果は以下のとおりである。

〈公訴事実について〉

○ 強盗の「共謀」をしたことはないし、当日、強盗が行われたとされる現場に行ってもいない。逮捕されるまで、鈴木が山田を襲ったことを知らなかった。無実である。

〈鈴木氏・山田氏との関係〉

○ 2人とも高校時代の同級生である。卒業後もよくいっしょに遊んだが、最近は鈴木と山田の仲があまりよくなかった。

○ 山田は、高校を卒業してから事件のあった「京浜ストア」というスーパーマーケットに勤めていて、それなりに責任のある立場にあるようだ。鈴木は、今年の1月に会社を解雇されてから仕事をしていなかったと思う。

〈事件前後の状況〉

○ 鈴木には、今年2月に20万円を貸していた。ところが、鈴木がいつまで経っても借金を返さないので、「早く返せ」と督促していた。

○ 逮捕される数日前、鈴木が利息を加えた22万円を返してくれた。そのお金は、実は鈴木が山田を襲って取ったお金だったらしいが、そんなことは知らなかった。

〈取調べ状況〉

○ 逮捕された後、検察官の取調べを受けた時に、「鈴木に強盗を指示したのは間違いありません」と書かれた供述調書にサインしてしまったことがあった。検事から、「この程度の事件だし、俺が起訴したいのは鈴木だから、認めたらお前は不起訴にして釈放してやる」、「正月

を外で過ごしたいだろ」と言われて、その言葉を信じてサインしてしまった。その日の取調べは録画・録音されていない。
○ その後は供述調書にサインしていない。

V 公判に向けた防御準備と公判前整理手続の進行

1 公判前整理手続を通じた目標

　裁判員裁判対象事件は必ず公判前整理手続に付される（裁判員の参加する刑事裁判に関する法律49条）。〈*Case* ④〉も、起訴された後は公判前整理手続に対応しながら防御準備を進めていくことになる。

　裁判員裁判の公判は、冒頭手続から最終弁論まで連日開廷による集中審理によって行われるから、弁護人は、第1回公判が始まる前に防御方針を確立して、すべての訴訟活動の準備を終える必要がある。検察官立証の様子をみながら防御方針を考えるという姿勢で公判に臨むことは許されない。

　さらに、訴訟活動の準備を進める過程では新たな証拠調請求をする必要性が生じる可能性があるが、公判前整理手続が終了した後は原則として証拠調請求が認められないから（刑事訴訟法316条の32第1項）、公判前整理手続中に訴訟活動の準備を終えておかなければならない。

　そこで、証拠開示請求権などを最大限に活かして揺るぎない防御方針を確立し、冒頭陳述から最終弁論までのすべての訴訟活動の準備を終えることが、公判前整理手続を通じた弁護人の目標となる。

> **コラム　公判前整理手続に付する請求権**
> 　平成28年12月から、検察官および被告人側に公判前整理手続に付する請求権が付与された（刑事訴訟法316条の2第1項）。裁判員裁判対象事件ではない事件においては、公判前整理手続に付することを請求する必要がないかを検討する必要がある。

公判前整理手続に付されれば、証拠一覧表交付請求権および証拠開示請求権が認められ、防御上のメリットは大きい。また、検察官の証拠構造が事前に明示されて、検察官による証拠調請求に刑事訴訟法316条の32第１項による制限がかかり、検察官が被告人側の反証内容をみたうえで証拠を後出しするような事態がなくなることも、防御上の大きなメリットである。

　そこで、筆者は、否認事件が起訴された場合には裁判所に対して公判前整理手続に付することを請求するべきであると考える。請求の時期について法律上の制限はないが、起訴前段階から被疑者からの聞取りを通じて請求の要否を検討しておき、起訴された時点で判断がついたならば直ちに、裁判所の係属部が決まった当日にでも、公判前整理手続に付することの請求書を提出するべきである。速やかに請求をすることで無用な手続遅延を避けることができるからである。

　なお、請求が却下された場合における不服申立権は認められていない。そして、却下後に検察官から任意開示を受けられなかった証拠があったなどの事情であらためて公判前整理手続の必要性が生じた場合には、公判前整理手続に付する請求を再度行うべきである。

2　公判前整理手続の概要

　公判前整理手続の概要は〔図３〕のとおりである（条文はすべて刑事訴訟法）。

〔図３〕　公判前整理手続の概要

```
裁判所
　公判前整理手続に付する決定（316条②Ⅰ）
　　　　↓
検察官
　証明予定事実記載書提出（316条⑬Ⅰ）［参考書式５］
　証拠調請求（316条⑬Ⅱ）
　請求証拠の開示（316条⑭Ⅰ）
　　　　↓
```

```
┌─────────────────────────────────────────────────┐
│ │弁護人│                                        │
│   証拠一覧表交付請求（316条⑭Ⅱ）                │
│   類型証拠開示請求（316条⑮Ⅰ）【書式19】         │
│              ↓                                  │
│ │弁護人│                                        │
│   検察官請求証拠に関する意見（316条⑯Ⅰ）         │
│   予定主張記載書面提出（316条⑰Ⅰ）【書式21】      │
│   証拠調請求（316条⑰Ⅱ）                        │
│              ↓                                  │
│ │弁護人│                                        │
│   主張関連証拠開示請求（316条⑳）【書式22】       │
│              ↓                                  │
│ │裁判所│                                        │
│   争点・証拠整理結果の確認（316条㉔）            │
└─────────────────────────────────────────────────┘

　なお、〔図3〕はあくまでも大まかな流れを示したものであり、各行為がそれぞれ1回で済むとは限らない。また、必要があれば手続の進行が逆戻りする場合もある。
　以下、〈*Case* ④〉における公判前整理手続を順にみてみよう。

### 3　裁判所・検察官との第1回打合せ
#### (1)　公判前整理手続に付されて間もない段階での留意点
　裁判所が公判前整理手続に付する決定をすると、今後の進行を協議するためとして三者が会しての打合せ（刑事訴訟規則178条の10第1項）が実施されることがある。その打合せでは、以後の手続のスケジュールについて意見交換が行われる。
　公判前整理手続に付されて間もない段階では、弁護人の立場では以下の点に留意しなければならない。
　㈦　防御方針を明らかにする法律上の義務はないこと
```

公判前整理手続に付されて間もなく、まだ検察官から類型証拠の開示を受けていない段階で、裁判所から防御方針を問われることがある。起訴されて間もない段階で、「公訴事実についての認否」や「公訴事実の認否を踏まえた弁護人の弁護方針」を弁護人に問い合わせることが公判前整理手続の進行を管理するうえで有益であるとの裁判所関係者の指摘もある（裁判所職員総合研修所監修『公判前整理手続を中心とする書記官事務の研究』249頁）。

もちろん、それまでの起訴前後にわたる弁護活動を通じて概括的な防御方針を回答できる場合があるし、概括的な方針を回答できる程度に起訴前から被告人からの聞取りその他の防御活動を進めておくことが望ましい。しかし、いかに綿密に聞取りを重ねていても起訴直後にはまだ防御方針を回答することができない場合もある。

刑事訴訟法上、検察官による類型証拠開示が未了の段階では、弁護人に防御方針を明らかにすべき義務はない。このことは、刑事訴訟法316条の16第1項は、「前条第1項の規定による開示をすべき証拠の開示を受けたとき」に検察官請求証拠に関する意見を明らかにすべきとしており、同法316条の17第1項も、「第316条の15第1項の規定による開示をすべき証拠の開示を受けた場合」に予定している主張を明示すべきとしていることから明らかである。

そして、まだ防御方針が定まっていないのに曖昧な回答をしてしまえば、後に検察官から「主張の変遷」などと指摘されるおそれがある。

そこで、類型証拠開示を受けていない段階では、防御方針を問われても無理に回答する必要はなく、「現時点では未確定であり、検察官から類型証拠が開示された後に、予定主張と証拠意見を明らかにする」と回答することも可能である。

(イ)　見通しが立たない段階での期限指定を受けないこと

裁判所は、公判前整理手続を通じて当事者がなすべき行為について、両当事者の意見を聞いて期限を定めることができる（刑事訴訟法316条の16第2項、

316条の17第3項など）。

　弁護人は、期限を指定することについて意見を求められたときは、後に準備期間が不足することのないよう、準備に要する期間の見通しを踏まえて適切に意見を述べなければならない。

　過去には、公判前整理手続に付する決定とともに、検察官がなすべき行為のみならず、弁護人による予定主張明示や証拠調請求の期限まで一括して定められてしまった事例があった。しかし、まだ類型証拠の開示がされていない段階では、類型証拠の検討やその内容を踏まえた調査活動に要する期間を見通すことができないから、期限までに予定主張明示などをすることができるかどうかを判断することはできない。

　したがって、類型証拠開示が未了の段階で予定主張明示などの期限を指定することについては「不相当である」との意見を述べるべきである。

(2) 第1回打合せの経過

　以上の2点に注意したうえで、〈*Case* ④〉の第1回打合せに臨んだ。打合せの経過は以下のとおりであった。

> 裁判所：まず検察官にうかがいます。証明予定事実記載書と証拠調請求書をどれぐらいで提出できそうですか。
> 検察官：来週中か、再来週の初めには提出できると思います。
> 裁判所：それでは、検察官の証明予定事実記載書の提出と証拠調請求の期限を本日から2週間後と指定したいと思います。弁護人の意見はいかがですか。
> 弁護人：異議ありません。
> 裁判所：そのように指定します。次に弁護人にお尋ねします。おおむねどのような主張になりそうか、差し支えない範囲でお聞かせいただけませんか。
> 弁護人：強盗致傷罪の成立を争います。

裁判所：具体的にはどのような点が争点になりそうですか。

弁護人：実行行為をしたとされる鈴木氏との共謀を争いますが、より具体的には、検察官の主張を検討し、証拠開示を受けてから明らかにします。

裁判所：起訴状によると、強盗の実行行為をしたのは被告人ではないようですが、鈴木が実行行為をしたこと自体や実行行為の態様に争いはなさそうですか。

弁護人：それらの点は、実行行為をしていない被告人にはわかりませんから、やはり検察官の主張を検討し、証拠開示を受けてから明らかにします。

裁判所：そうですか。それでは弁護人は、検察官から証明予定事実記載書と証拠調請求書を受け取ったら、どれぐらいで類型証拠開示請求をしますか。

弁護人：1週間をめどに類型証拠開示請求をしたいと思います。ただし、検察官請求証拠をみてみないと、1週間ですべての類型証拠開示請求が終わるかどうかはわかりません。

裁判所：それでは、証明予定事実記載書と証拠調請求書を受け取ったら、できるだけ速やかに類型証拠開示請求をするようにしてください。

弁護人：わかりました。努力します。

裁判所：弁護人が予定主張記載書面と証拠意見書を提出することができる時期はいつ頃になりそうですか。

弁護人：今の時点ではそれはわかりません。

裁判所：後に変更するかもしれませんが、提出時期をかりに決めておきませんか。公判前整理手続を終了する時期の見通しを立てておきたいのです。

弁護人：裁判長、検察官の証拠構造がまだ明らかにされておらず、開示

> される証拠の分量もわからない現段階では、いつ頃に防御方針が確定し、いつ頃に予定主張記載書面を提出することができるか、見通すことができません。
> 　今日の段階では、検察官からの証明予定事実記載書の提出と証拠調請求の期限を定めるにとどめて、その後の行為の期限は、手続の進行に応じて順を追って指定するようにしてください。
>
> 裁判所：わかりました、そうしましょう。

　こうして、第1回打合せは、検察官による証明予定事実記載書の提出と証拠調請求の期限を指定して終了した。

　なお、弁護人がなすべき行為の期限が指定されなかったからといって、検察官からの書面の提出をただ待つのではなく、被告人や関係者からの聞取り、現場の確認、独自の証拠収集活動などを随時進めておかなければならない。

4　検察官からの証明予定事実記載書と証拠調請求書の提出

⑴　証明予定事実記載書に記載されるべき事項

　公判前整理手続が始まって最初に提出されるのは、検察官の証明予定事実記載書である。

　検察官は、証明予定事実記載書を通じて、「争点及び証拠の整理に必要な事項」を明らかにしなければならない（刑事訴訟規則217条の19第1項）。事実と主要な証拠の関係を具体的に明示することも求められる（同規則217条の20）。

　これらの事項が明らかにされておらず、そのことによって防御準備に支障が生じる場合には、求釈明の申出をすることになる。たとえば、共謀共同正犯の成否が問題となる事案において、時系列に従った物語式の事実主張のうちどの事実が共謀の成立を基礎づける間接事実であるかが明示されていない場合に、求釈明を申し出ることなどが考えられる。

このようにして証明予定事実記載書を検討し、必要に応じて求釈明を申し出ることによって、検察官の証拠構造を把握することが可能になる。

(2) 〈Case ④〉の証明予定事実記載書

〈Case ④〉において検察官から提出された証明予定事実記載書は［参考書式5］のとおりである。

［参考書式5］ 検察官の証明予定事実記載書（〈Case ④〉）

証明予定事実記載書

平成24年○月○日

○○地方裁判所　刑事第○部　御中

○○地方検察庁
検察官検事　○　○　○　○

被告人丁野四郎に対する強盗致傷被告事件について、検察官が証拠によって証明しようとする事実は、以下のとおりである。

第1　被告人の身上	
犯行時はアルバイトをしながら1人暮らしをしていた。	乙1
第2　犯行に至る経緯及び犯行状況	
1　被告人、共犯者鈴木及び被害者山田の関係	
(1)　被告人、鈴木及び山田は、高校時代の同級生であった。	甲2、甲4、乙1
(2)　鈴木は、平成23年1月に勤務先を解雇されてから無職であった（以下、年は平成23年である。）。	甲4
(3)　被告人は、6月30日まで建設会社に勤務していたが、同社の倒産に伴い退職し、7月からアルバイトで生計を立てるようになった。	乙1
(4)　山田は、京浜ストアの主任を務め、売上金管理も担当していた。	甲2

2 被告人の共犯者鈴木に対する金銭の貸付け 　被告人は、まだ建設会社に勤務していた2月15日、鈴木に20万円を貸した。その際、鈴木は、6月末及び9月末に各1万円の利息を加算した11万円ずつ弁済することを約した。ところが、鈴木は、6月末及び9月末が経過するも被告人に対して元利金を全く弁済しなかった。	甲4、乙1
3　共謀成立状況	
⑴　11月30日、鈴木が被告人の携帯電話に電話をかけて、再び金銭を貸してほしいと申し入れた。 　すると被告人は、「俺も苦しいんだ。」、「まず20万円を返せ。」と言い、鈴木の依頼を断った。	甲4、甲5
⑵　12月1日午後11時ころ、被告人は、山田の勤務先である京浜ストア前の路上で山田が出てくるのを待っていた。そして、山田が店舗から出てくると、被告人は、「今月苦しいので金を貸してもらえないか。」と申し入れた。 　しかし、山田が「就職活動しないのが悪い。」、「絶対に貸さない。」と言って断ると、被告人はその場を立ち去った。	甲2
⑶　同日午後11時30分ころ、被告人は鈴木の携帯電話に電話をかけて、「山田は午後11時ころに売上をもって店から出る。」、「山田をぶっちめて金をとってこい。」、「それで借金を返せ。」、「もしやらなければ、お前の実家に電話するからな。」などと言い、山田から金員を強取することを指示した。 　鈴木は、当初は躊躇する返事をしていたが、最終的には「わかりました。」と答え、電話を終えた。 　ここに、被告人と鈴木との間に山田から金銭を強取することの共謀が成立した。	甲4、甲5 甲4、乙2
4　鈴木による犯行状況	

(1) 翌12月2日午後10時ころ、鈴木は、京浜ストアに自動車で到着した。そして、駐車場内の倉庫の裏手に隠れて山田が出てくるのを待った。その際、鈴木は目出し帽を着用していた。	甲1、甲2、甲5
(2) 午後11時ころ、山田が通用口から1人で出てくるや、鈴木は、持っていたバットで山田に殴りかかった。山田は両腕で身を守ろうとし、バットが山田の右前腕部に当たった。そして、山田が現金50万1000円の在中するハンドバックを手離すと、鈴木は、それを持ち去り、自動車を運転してその場を去った。	
(3) 山田は、前記犯行により右前腕部骨折の傷害を負い、全治まで約2か月間を要するとの診断を受けた。	甲3
5 犯行後の状況	
(1) 翌12月3日午前9時ころ、鈴木は、山田から強取した50万1000円のうち22万円を被告人方に持参し、被告人に交付した。	甲4
(2) その後、駐車場内の防犯カメラに鈴木が逃走に使用したレンタカーの登録番号が映っていたことから、レンタカー貸渡履歴から鈴木の犯行が判明し、鈴木は12月5日に通常逮捕された。	
第3 その他情状	乙1、乙3

　証明予定事実記載書は、このような体裁が一般的である。書面の右寄りに縦線が引かれ、その左側に検察官の主張する事実が記載され、右側に各事実を証明するために用いる証拠の番号が記載される。

　(3) **検察官請求証拠の開示**

　検察官からは証明予定事実記載書とともに証拠調請求書も提出された。

　検察官が取調べを請求した証拠書類については、閲覧の機会のほか、公判前整理手続に付された事件においては弁護人に謄写の機会も保障されている（刑事訴訟法316条の14第1項1号）。自白事件であれ否認事件であれ、防御準

備を進める過程で随時、検察官請求証拠の内容を確認する必要が生じるから、証拠書類は原則として謄写すべきである。

〈*Case* ④〉では、検察官が取調請求した証拠書類の標目および内容は以下のとおりであった。

甲1（実況見分調書）
　現場駐車場で実施された実況見分結果が記載されている。
甲2（山田氏の供述調書）
　証明予定事実記載書と同旨の被害状況が記載されている。
甲3（診断書）
　「全治まで約2か月間を要する右前腕部骨折」との診断結果が記載されている。
甲4（鈴木氏の供述調書）
　共謀および犯行状況について証明予定事実記載書と同旨の供述が記載されている。
甲5（通話状況分析報告書）
　丁野氏と鈴木氏が使用していた携帯電話について、携帯電話会社から受発信履歴の任意提出を受けて分析した結果に関する捜査報告書であり、以下の発信履歴が記録に残っていたことが記載されている。
　　・11月30日午後8時：鈴木氏から丁野氏に発信
　　・12月1日午後11時30分：丁野氏から鈴木氏に発信
乙1（丁野氏の供述調書）
　身上経歴が記載されている。
乙2（丁野氏の供述調書）
　「鈴木に強盗を指示したのは間違いありません。生活が苦しかったので、山田からとったお金で借金を返済させようと思い、指示したのです。詳しくはこれから順次お話しします」との概括的な自白が記載されている。
乙3（戸籍）

　これらの証明予定事実記載書と証拠調請求書によると、検察官は、以下の2つの証拠を柱に丁野氏の有罪を立証しようとしているようである。

① 事件前日（12月1日）に丁野氏から電話で「明日、山田をぶっちめて金をとってこい」、「それで借金を返せ」と言われたとの鈴木氏の供述調書
② 「鈴木に強盗を指示したのは間違いありません。生活が苦しかったので、山田からとったお金で借金を返済させようと思い、指示したのです。詳しくはこれから順次お話しします」との丁野氏の自白調書

(4) **検察官請求証拠に関する検討**

検察官請求証拠を謄写したら、その写しを被告人にも交付して検討してもらうべきである。〈*Case* ④〉において、丁野氏の各証拠の内容に関するコメントは以下のとおりであった。

○ 鈴木から「金を貸してほしい」という電話があったのは事実である。「まず20万円を返せ」と言って電話を切った。その電話をしたのは11月の下旬頃だったと思うが、30日だったかどうかはわからない。
○ 12月1日に山田の勤務先に行ったのも事実である。前の日に12月分の家賃を払えなかったので、金を貸してほしいと頼みに行った。山田には断られた。
○ 山田に借金を断られた後、その日かその次の日頃に鈴木に電話したのも事実である。正確な日付や時刻は覚えていない。
○ その電話の時に、「山田は午後11時ころに売上をもって店から出る」とも、「山田をぶっちめて金をとってこい」とも、「それで借金を返せ」、「もしやらなければ、お前の実家に電話するからな」とも言っていない。この電話では、「お前、いつになったら金を返すんだ」、「年内に返さなかったら実家に電話してやるぞ」と言った。その言い方がきつかったので、鈴木には恨まれているかもしれない。
○ 鈴木から12月3日に22万円を返してもらったのも間違いない。返してもらった金で3日遅れで家賃を支払ったのを覚えている。

> ○ 自分の供述調書に「鈴木に強盗を指示したのは間違いありません」とあるのは、検事に「認めれば不起訴にする」と言われたからだ。その供述調書にサインしたことを後悔して、次の日からは供述調書に一切サインしていない。

　そこで、防御方針の検討を進める前提として、次に、検察官請求証拠の証明力を判断するための類型証拠開示請求をする。

🍀コラム　証拠一覧表交付制度

　平成28年12月から、証拠一覧表交付制度（いわゆるリスト開示制度）が導入された（刑事訴訟法316条の14第2項〜第5項）。検察官請求証拠が開示された後に、被告人側の請求によって検察官が保管する証拠の一覧表が交付され、もって、被告人側に証拠開示請求の手がかりを与える制度である。

　制度の概要については、拙稿「証拠開示制度の拡充」自由と正義67巻9号13頁を参照されたい。

　どのような事件であっても証拠一覧表が手元にあることは有益であるから、公判前整理手続に付された事件において検察官請求証拠が開示されたら、速やかに検察官に対して証拠一覧表の交付請求をするべきである。検察官に対して書面をもって交付の請求をするにあたっては、「刑事訴訟法316条の14第2項によって証拠一覧表の交付を請求する」旨を記載すれば足り、交付を請求する理由を記載する必要はない。

　なお、証拠一覧表に記載される証拠は「検察官が保管する証拠」とされている。他方、証拠開示請求の対象となる「証拠」については、「検察官が現に保管している証拠に限られず、当該事件の捜査の過程で作成され、又は入手した書面等であって、公務員が職務上現に保管し、かつ、検察官において入手が容易なものを含む」とされている（最決平成19・12・25判例タイムズ1260号102頁）。つまり、証拠一覧表には証拠開示請求の対象となる「証拠」がすべて記載されているとは限らない。

　そこで、検察官請求証拠が開示されたら、速やかに証拠一覧表交付請求

をしたうえで、まずは、証拠一覧表が交付されるのを待たずに網羅的に類型証拠開示請求を行い、検察官から回答があったら、証拠一覧表と対照しながら請求漏れや開示漏れがないかをチェックするという活用方法が適切であると考えられる。

5　検察官に対する類型証拠開示請求（第1段階の証拠開示請求）

(1) 類型証拠開示請求の要件

刑事訴訟法316条の15による類型証拠開示請求の要件は、以下の3点である。

---

① 刑事訴訟法316条の15第1項各号または第2項に定める類型のいずれかに該当すること
② 特定の検察官請求証拠の証明力を判断するためにその証拠の開示が重要であること
③ 重要性の程度その他の必要性の程度と弊害の内容および程度を考慮して開示が相当と認められること

そして、①の類型とは、以下のとおりである。

○　客観証拠など
・証拠物（1項1号）
・検証調書、実況見分調書（1項2号、3号）
・鑑定書（1項4号）
○　供述調書関係
・検察官側証人予定者の供述録取書等（1項5号）
・「検察官が特定の検察官請求証拠により直接証明しようとする事実の有無に関する」供述録取書等（1項6号）

- 被告人の供述録取書等（1項7号）
- 被告人または共犯者の取調べ状況記録書面（1項8号）
○ 証拠物の押収手続記録書面
- 検察官請求証拠に関するもの（1項9号）
- 類型証拠に関するもの（2項）

　供述調書の記述には必ず取調官の主観が入り混じるものであり、証明力を吟味する必要のない供述調書は存在しない。そこで、どのような事件でもまずは最低限、1項5号、7号および8号に該当する類型証拠の開示を受け、供述調書の証明力を検討すべきである。

　また、1項6号の類型の規定方法は一見するとやや複雑であるが、具体例をあげると以下のとおりである。

　ある交通事犯で、検察官が、目撃者Aの検察官調書をもって「被告人の対面信号は赤だった」という事実を証明しようとしているとする。その場合に、Aの未開示供述録取書等は1項5号の類型に該当する。そして、A以外に信号を見た者の供述録取書等は、検察官が「特定の検察官請求証拠」（＝Aの検察官調書）により「直接証明しようとする事実」（＝被告人の対面信号は赤だった事実）の有無に関する供述を内容とするものであるから、1項6号の類型に該当する。

　つまり、ある事柄に関するある供述調書の証明力を判断するために、その人の他の供述調書にどう記載されているかを確認するのが1項5号による開示であり、その事柄について他の人の供述調書にどう記載されているかを確認するのが1項6号による開示である。

　(2) 〈*Case* ④〉の類型証拠開示請求書

　〈*Case* ④〉では、【書式19】のような証拠開示請求書を検察官に交付した。

　なお、類型証拠開示請求書をはじめ、公判前整理手続に関する書式例としては、日本弁護士連合会裁判員本部編『公判前整理手続を活かす〔第2版〕』

に掲載されているものが参考になるので、参照されたい。

【書式19】 類型証拠開示請求書（<*Case* ④>）

平成24年（わ）第○○号　強盗致傷被告事件
被告人　丁野　四郎

類型証拠開示請求書

平成24年○月○日

○○地方検察庁　○○○○　検察官　殿

主任弁護人　宮村　啓太

　刑事訴訟法316条の15に基づいて以下の証拠の開示を請求する。
第1　甲1号証（実況見分調書）の証明力を判断するための類型証拠
　　　証拠：京浜ストアにおける検証調書及び実況見分調書の全て
　　　類型：1項3号
　　　理由：　甲1号証は、京浜ストアにおいて実施された実況見分の結果が記載されている実況見分調書である。その証明力を判断するためには、同店において実施された他の検証調書及び実況見分調書の開示を受けて、内容を比較検討することが重要である。
　　　　　　そして、甲1号証は鈴木が強盗の実行行為を行ったとされる現場の状況を立証するものとして取調請求されており、その証明力を判断するための証拠開示を受ける必要性は高い。
第2　甲2号証（山田の供述調書）の証明力を判断するための類型証拠
　1　証拠：京浜ストア駐車場において事件当日に撮影された防犯カメラ映像が収録されている記録媒体全て
　　　類型：1項1号
　　　理由：　甲2号証（山田の供述調書）の証明力を判断するためには、防犯カメラ映像の開示を受けて、同人の供述内容と防犯カメラ映像に矛盾齟齬がないかを確認することが重要である。
　　　　　　そして、甲2号証は山田が強盗被害に遭った状況を立証するものとして取調請求されており、その証明力を判断するための証

開示を受ける必要性は高い。
 2 証拠：山田の供述録取書等の全て
   類型：1項5号ロ
   理由： 甲2号証（山田の供述調書）の証明力を判断するためには、同人の未開示供述録取書等全ての開示を受けて、その供述経過を検討することが重要である。
     そして、甲2号証の証明力を判断するための証拠開示を受ける必要性が高いことは、上記1のとおりである。
 3 証拠：鈴木が山田をバットで殴打した状況に関する供述録取書等の全て
   類型：1項6号
   理由： 検察官は、甲2号証（山田の供述調書）により鈴木が山田の右前腕部をバットで殴打した事実を直接証明しようとしている。
     その証明力を判断するためには、鈴木が山田の右前腕部をバットで殴打した事実の有無に関する供述録取書等（すなわち現場で鈴木が山田を襲ったとされる状況を目撃した者の供述録取書等）全ての開示を受けて、それらの内容に甲2号証との矛盾齟齬がないかを確認することが重要である。
     そして、甲2号証の証明力を判断するための証拠開示を受ける必要性が高いことは、上記1のとおりである。
第3 甲3号証（診断書）の証明力を判断するための類型証拠
   証拠：Dの供述録取書等の全て
   類型：1項5号ロ
   理由： 甲3号証（医師D作成の診断書）の証明力を判断するためには、Dの供述録取書等全ての開示を受けて、それらの内容に診断書との矛盾齟齬がないかを検討することが重要である。
     そして、甲3号証は山田の受傷状況を立証するものとして取調請求されており、その証明力を判断するための証拠開示を受ける必要性は高い。
第4 甲4号証（鈴木の供述調書）の証明力を判断するための類型証拠
 1 証拠：鈴木の供述録取書等の全て
   類型：1項5号ロ
   理由： 甲4号証（鈴木の検察官調書）の証明力を判断するためには、

　　　　　同人の未開示供述録取書等全ての開示を受けて、その供述経過を
　　　　　検討することが重要である。
　　　　　　そして、甲4号証は被告人と鈴木の共謀成立状況及び犯行状況
　　　　　を立証するものとして取調請求されており、その証明力を判断す
　　　　　るための証拠開示を受ける必要性は高い。
　2　証拠：鈴木について作成された取調べ状況記録書面の全て
　　　類型：1項8号
　　　理由：　甲4号証（鈴木の検察官調書）の証明力を判断するためには、
　　　　　鈴木に対する取調べ状況を検討することが重要である。
　　　　　　そして、甲4号証の証明力を判断するための証拠開示を受ける
　　　　　必要性が高いことは、上記1のとおりである。
第5　甲5号証（通話状況分析報告書）の証明力を判断するための類型証拠
　　　証拠：　被告人及び鈴木が平成23年11月ないし同年12月当時に使用して
　　　　　いた携帯電話（契約名義を問わない。）の受発信記録（発信電話
　　　　　番号、発信時刻、発信地、受信電話番号、受信時刻、受信地及び
　　　　　通話時間などの情報が記録されている資料を指す。）の全て
　　　類型：1項1号
　　　理由：　甲5号証は、平成23年11月30日及び12月1日の被告人と鈴木の
　　　　　携帯電話通話状況を分析した結果に関する捜査報告書である。そ
　　　　　の証明力を判断するためには、分析の原資料とされた携帯電話受
　　　　　発信記録の開示を受けて、その内容を検討することが重要である。
　　　　　　そして甲5号証は、検察官が共謀を基礎付ける間接事実として
　　　　　位置付けている被告人と鈴木の携帯電話による通話状況を立証す
　　　　　るものとして取調請求されており、その証明力を判断するための
　　　　　証拠開示を受ける必要性は高い。
第6　乙1号証及び乙2号証（被告人の供述調書）の証明力を判断するための
　　類型証拠
　1　証拠：被告人の供述録取書等（取調べを録画したDVDを含む。）の全
　　　　て
　　　類型：1項7号
　　　理由：　乙1号証及び乙2号証（被告人の供述調書）の証明力を判断す
　　　　　るためには、同人の未開示供述録取書等全ての開示を受けて、そ

> の供述経過を検討することが重要である。
> 　そして、乙1号証及び乙2号証は、被告人の身上経歴のほか、被告人と鈴木の共謀成立を立証するものとして取調請求されているから、その証明力を判断するための証拠開示を受ける必要性は高い。
> 2　証拠：被告人について作成された取調べ状況記録書面の全て
> 　類型：1項8号
> 　理由：　乙1号証及び乙2号証（被告人の供述調書）の証明力を判断するためには、被告人に対する取調べ状況を検討することが重要である。
> 　そして、乙1号証及び乙2号証の証明力を判断するための証拠開示を受ける必要性が高いことは、上記1のとおりである。
> 　　　　　　　　　　　　　　　　　　　　　　　　　　　　以　上

　検察官から提出された証拠調請求書をみながら、検察官請求証拠の1つひとつについて、その証明力を判断するためにどんな証拠の開示が必要かを考えながら開示請求書を検討していくとよい。類型証拠開示請求書の書式例の中には、開示を請求する証拠の類型ごとに整理する構成のものもみられるが、上記のような検討方法をとることからすると、証明力判断の対象となる検察官請求証拠ごとに整理する構成のほうが、漏れが生じにくい。

　なお、証拠開示請求書の交付相手は検察官であるが、証拠開示の進行状況を裁判所に把握してもらうために、裁判所にも写しを交付することが多い。ただし、証拠の内容に踏み込んだ記述がある場合には、裁判所への交付を控えるか、あるいは抄本化して交付することも考えられる。

(3)　検察官の回答書の確認

　証拠開示請求書を交付すると、検察官からは書面で回答がある。過去には口頭で回答がなされた事例もあるが、後に回答の趣旨をめぐって疑義が生じないように書面での回答を求めるべきである。

　なお、検察官は、開示請求に応じない場合には、「開示しない理由」を告

知することとされている(刑事訴訟規則217条の26)。

〈Case ④〉における検察官の回答書は[参考書式6]のとおりである。

[参考書式6] 証拠開示請求に対する検察官の回答書(〈Case ④〉)

証拠開示請求に対する回答書

平成24年○月○日

主任弁護人　宮村　啓太　殿

○○地方検察庁
検察官検事　○　○　○　○

　平成24年○月○日付け類型証拠開示請求に対する回答は、以下のとおりである。
1　第1(京浜ストアの検証調書・実況見分調書)について
　弁護人の開示請求は重要性の要件を充たさない。
　なお、平成23年12月10日付け実況見分調書を任意に開示する。
2　第2・1(山田の供述録取書等)について
　山田の司法警察員に対する平成23年○月○日付け供述調書を開示する。

(以下略)

この回答書には趣旨が不明瞭な点がある。

すなわち、回答書の第1項には、「平成23年12月10日付け実況見分調書を任意に開示する」とある。しかし、この記載では、弁護人が開示請求の対象とした証拠が「平成23年12月10日付け実況見分調書」1通しか存在しないのか、それとも他にも存在するうち「平成23年12月10日付け実況見分調書」だけを任意に開示したのか、いずれか不明である。

そして、後者の趣旨であるとすれば、裁判所に証拠開示命令の申立て(刑事訴訟法316条の26第1項)をすることも検討しなければならない。

そこで、このように趣旨が不明瞭な回答を受けたときは、必ず「該当する証拠は他に存在しないのか」と求釈明を申し出るべきである。

また、他にも該当する証拠がないかをチェックする際には、検察官から交付を受けた証拠一覧表が有益である。

(4) 「自白事件」における類型証拠開示請求の重要性

なお、〈Case ④〉から離れるが、被告人が弁護人との接見で犯罪の成立を認めている場合であっても、被告人が記憶の変容や捜査官の誘導によって事実と異なる内容を真実と思い込んでいることがありうる。また、取調べにおける捜査官とのやりとりの影響で、被告人が自らの記憶に反してあえて検察官の主張する事実を認めていることもありうる。弁護人は、そのようなこともありうることを常に念頭において、類型証拠の開示請求を行って検察官請求証拠の証明力を判断すべきである。本当に「自白事件」なのかは、類型証拠の開示を受け、それを検討したうえで確信をもつべき事柄というべきであろう。

また、類型証拠を検討した結果、犯罪の成立を争わない防御方針を立てた場合にも、検察官から開示された類型証拠は、量刑上の主張を組み立てる際に有益な資料となる。検察官は自らの立証に必要な証拠だけを「厳選」して証拠調請求をするから（刑事訴訟規則189条の2）、弁護人が証拠開示請求権を活用しなければ、被告人に有利な量刑事情が記載されている証拠が開示されずに終わる可能性もある。

したがって、被告人が犯罪の成立を認めている場合であっても類型証拠開示請求権の活用は重要である。

6 証拠開示請求以外の方法による証拠収集・調査活動

さらに、検察官に対する証拠開示請求以外の方法による証拠収集や調査活動も並行して進めておかなければならない。

(1) 現場の確認

どのような事件でも現場を確認することは必須である。〈Case ④〉でも、検察官が取調べを請求した事件現場の実況見分調書の証明力を判断するために最も重要な活動は、証拠開示請求よりも、実際に現場に行ってみることであろう。

(2) 弁護士法23条の2に基づく留置場出入記録の確認

また、〈Case ④〉では、丙野氏の自白調書の任意性や鈴木氏の供述の信用性が問題になる。

そこで、両名に対する取調べの状況を確認するために、弁護士法23条の2第1項に基づいて、弁護士会に対して、両名が勾留されていた警察署に対する照会を申し出て、取調べのために留置場から出入りした時刻についての回答を求めた（いわゆる「弁護士会照会」）。いずれの警察署からも回答を得ることができた。

【書式20】 弁護士法23条の2第1項による照会申出書（〈Case ④〉）

照会申出書

平成24年〇月〇日

〇〇弁護士会　会長　殿

〒100-〇〇〇〇
東京都〇〇区〇〇
宮村法律事務所
申出人　弁護士　宮　村　啓　太
（登録番号・〇〇〇〇）
電　話　03-〇〇〇-〇〇〇
ＦＡＸ　03-〇〇〇-〇〇〇

当職受任中の下記1の事件に関し、下記3記載の照会事項について弁護士

第23条の２第１項に基づく照会を申し出る。
1　受任事件
　　依頼者：丁野四郎
　　事　件：○○地方裁判所平成24年（わ）第○○号強盗致傷被告事件
2　照会先
　　所在地：○○県○○市○○
　　名　称：○○警察署
　　電　話：○○-○○○-○○○
3　照会を求める事項
　　平成23年12月５日から平成24年１月ころまで貴署の留置場において勾留された鈴木久（昭和○○年○月○日生まれ）について、貴署において勾留されていた期間を通じた留置場入出場記録に係る以下の事項についてご回答いただきたい。
　　①　毎日の留置場への入出場時刻
　　②　入出場の理由
4　照会を必要とする事由
　　上記１の被告事件については、現在、公判前整理手続が進行している。同事件の主たる争点は被告人と共犯者とされる鈴木久の間で強盗の共謀が成立したか否かであり、検察官は、共謀を裏付ける証拠の一つとして鈴木の供述調書を請求している。
　　そこで、同人の供述の信用性を判断する前提として、同人が身体拘束されていた期間中における取調べ状況を確認する必要があるため、本申出に及んだ。
5　手続に関する希望
　　（略）

7　防御方針の検討

　検察官から開示を受けた証拠や、弁護人が独自に行った証拠収集・調査活動の結果を踏まえて、今後、どのような防御方針に基づいて訴訟活動（当面の課題は予定主張記載書面および証拠意見書の提出）を進めるかを検討する。

(1) 携帯電話受発信記録の確認

検察官が取調べを請求した「通話状況分析報告書」には、以下の発信履歴が記録に残っていたと記載されている。

① 11月30日午後8時　　　鈴木氏から丁野氏に発信
② 12月1日午後11時30分　丁野氏から鈴木氏に発信

検察官は、そのうち②の通話で強盗の共謀が成立したと主張している。

丁野氏も、11月下旬頃に鈴木氏から借金を申し込む電話があったこと、その後に丁野氏から借金返済を督促する電話をしたことは間違いないけれども、電話をした日時についての記憶はないという。

そこで、検察官から類型証拠として開示された携帯電話受発信記録（携帯電話会社から取り寄せられたもの、刑事訴訟法316条の15第1項1号該当証拠）を確認したところ、確かに「通話状況分析報告書」のとおり受発信履歴が残っており、その前後に両者間で通話した記録はない。

そうすると、上記①および②のとおり電話の受発信があったこと自体は間違いなさそうである。

(2) 鈴木氏の供述経過の確認

検察官から開示を受けた鈴木氏の供述録取書等すべて（刑事訴訟法316条の15第1項5号ロ該当証拠）を検討したところ、鈴木氏の供述調書には変遷がみられることが明らかになった。

鈴木氏の供述調書の記載内容を整理すると、以下のとおりである。

○　逮捕当日の警察官調書
　「事件の2日前に丁野と電話で話した際に、丁野から『山田をぶっちめて金をとってこい。』と指示されたのです」
○　逮捕された3日後の警察官調書
　「丁野から強盗の指示をされた日について、記憶違いがありました。携帯電話の履歴を見ながらあらためて記憶を整理したところ、丁野か

ら指示されたのは事件の前日でした」
○　逮捕された5日後の検察官調書（**検察官が証拠調請求したもの**）
　「事件の前日に丁野から電話があり、丁野から『山田をぶっちめて金をとってこい。』と指示されたのです」

　この変遷は単なる「記憶違い」で済まされるのであろうか。
　本当に丁野氏に強盗を指示されたのであれば、指示された翌日に強盗を実行したのか、それとも1日空けて実行したのかは記憶に残っているのが自然ではないか。
　丁野氏は、事件前日に山田氏の勤める京浜ストアを訪れ、山田氏に金を貸してほしいと申し入れている。この経過については丁野氏の説明と山田氏の供述が一致している。そして、検察官は、丁野氏は事件前日に山田氏に会った時のことを踏まえて、鈴木氏に「山田は午後11時ころに売上をもって店から出る」と説明して強盗を指示したとの筋書きを立てている。
　しかし、丁野氏が鈴木氏に強盗を指示したのが事件の2日前であるとすると、この筋書きに合致しない。そこで、捜査機関の示唆によって、辻褄を合わせるために指示された日時に関する供述を変遷させたのではないか。そのような疑問がある。

(3) 防御方針の確認

　以上に検討してきた結果を踏まえると、〈*Case* ④〉の真相は以下のように考えられた。

○　鈴木氏は、山田氏と高校を卒業した後も付き合いがあり、丁野氏から説明されるまでもなく、山田氏が京浜ストアで売上金の管理をしていることを知っていた。
○　鈴木氏は、11月30日に丁野氏に電話をかけて金を貸すよう申し入れたが断られ、すでに借りている20万円の返済を求められた。

○ さらに、12月1日には、丁野氏から電話があり、「お前、いつになったら金を返すんだ」、「年内に返さなかったら実家に電話してやるぞ」と借金の返済を強く求められた。

○ そこで、鈴木氏は、山田氏を襲って金を奪い、奪った金から丁野氏に借金を返済し、残ったお金を生活費にあてようと考えた。そして、翌12月2日に強盗を実行した。

○ その後、逮捕された鈴木氏は、丁野氏に強く借金の返済を督促されたことを逆恨みしていたことから、丁野氏に責任を押しつけようと考えた。

以上のように考えれば、すべての証拠を説明することができる。

そこで、このような説明に基づいて予定主張記載書面と証拠意見書の内容の検討を進める。

8 弁護人の予定主張記載書面の提出

(1) 予定主張明示義務の趣旨と明示すべき対象

刑事訴訟法が被告人側に予定主張の明示を義務づけているのは、争点および証拠を整理して審理予定を策定するためである。検察官が明らかにした事実上・法律上の主張のうちどこが争点となり、その争点について審理を進めるにあたってどのような証拠を取り調べる必要があるかを判断することが可能になれば、目的は達せられる。

このような趣旨に鑑みれば、民事訴訟で提出されている「陳述書」に類するようなものを提出する必要はないし、検察官の証明予定事実記載書について、争点提示に必要な限度を超えて逐一細かな認否を示す必要もない（このことは裁判所関係者の論稿でも指摘されている。大島隆明「公判前整理手続に関する冊子の作成・配布について」判例タイムズ1192号18頁は、「証明予定事実記載書面の記載が無用に詳細である場合には、……その認否を義務付けることは、か

えって弊害が大きい」としている)。

　予定主張明示への対応を考える際には、「何を明示するか」(明示の対象)と「どのように明示するか」(明示の方法)の2つの問題を区別して考えるとよい。

　明示の方法については、刑事訴訟規則217条の19第2項が具体的かつ「簡潔に」明示すべきとしている。争点整理に資する限度を超えた冗長な予定主張明示は求められていない。

　他方、明示の対象については、刑事訴訟法316条の17第1項が「証明予定事実その他の……事実上及び法律上の主張」と定めている。具体的にどのような主張が「証明予定事実その他の……事実上及び法律上の主張」にあたるか、明文から直ちに明らかではないが、前述した予定主張明示の趣旨に鑑みると、以下の主張がこれにあたると考えられる(日本弁護士連合会裁判員本部編『公判前整理手続を活かす〔第2版〕』72頁～75頁参照)。

---

① 証明予定事実
　　証拠調請求により証明しようとする事実
② その他の事実上の主張
　ⓐ 訴因の全部または一部を争う主張
　ⓑ 検察官が主張する重要な間接事実を争う主張
　ⓒ 被告人側が積極的な事実主張をして争点を提示する主張
　　ⅰ 犯罪阻却事由の根拠事実の主張
　　ⅱ 検察官主張事実の不存在の根拠となる重要な間接事実の主張
　　　(アリバイなど)
　　ⅲ 自白の任意性などの検察官請求証拠の証拠能力を争う根拠となる事実の主張
　　ⅳ 量刑上重要な事実の主張
③ 法律上の主張

法令の解釈、合憲性、法令の適用などに関する主張

(2) 〈*Case* ④〉の予定主張記載書面

〈*Case* ④〉では、【書式21】のとおり予定主張記載書面を提出した。

【書式21】　予定主張記載書面（〈*Case* ④〉）

平成24年（わ）第○○号　強盗致傷被告事件
被告人　丁野　四郎

予定主張記載書面

平成24年○月○日

○○地方裁判所　御中

主任弁護人　宮　村　啓　太

　弁護人が公判期日においてすることを予定している主張は、以下のとおりである。なお、日付を記載する際に「平成23年」は省略する。
第1　訴因に関する主張
　　　被告人と鈴木の間に、山田から金員を強取することの共謀が成立したことはない。
第2　重要な間接事実に関する主張
　　　12月1日午後11時30分ころに被告人が鈴木に電話をかけた際に、被告人は、「山田は午後11時ころに売上をもって店から出る。」とも、「山田をぶっちめて金をとってこい。」とも、「それで借金を返せ。」とも、「もしやらなければ、実家に電話するからな。」とも言っていない。
第3　供述調書の任意性に関する主張
　　　乙2号証（被告人の供述調書）は、□□検察官による利益誘導によって作成されたものであり、任意性に疑いがある。
　　　上記供述調書が作成された○月○日の取調べにおいて、□□検察官は、被告人に対して、「この程度の事件だし、俺が起訴したいのは鈴木だから、認めたらお前は不起訴にして釈放してやる。」、「自宅で正月をすごしたい

> だろ。」と言った。これを聞いた被告人は、上記供述調書の作成に応じれば不起訴処分となるものと認識して、事実に反する内容であるにもかかわらず署名及び捺印をした（弁1・被疑者ノート、弁2・弁護人作成の抗議書）。
>
> 以　上

(3) 予定主張記載書面の検討経過

【書式21】の予定主張記載書面のうち、「第1」は、前記した予定主張の明示対象の分類のうち「②ⓐ訴因の一部を争う主張」である。

また、「第2」は、前記分類の「②ⓑ検察官が主張する重要な間接事実を争う主張」である。これが明示されることにより、公判では12月1日午後11時30分頃の電話の内容が事実認定上の争点になることが明らかになり、裁判所が証拠調べの要否を判断して審理予定を策定することが可能になる。

さらに、「第3」は、「②ⓒⅲ自白の任意性などの検察官請求証拠の証拠能力を争う根拠となる事実の主張」であり、これが明示されることにより、乙2号証の供述調書が作成された日の取調べにおける検察官と被告人のやりとりが事実認定上の争点になることが明らかになり、その点に関する審理予定を策定することが可能になる。

ここで問題になるのは、「第2」の主張において、積極主張、すなわち「丁野氏は、この電話では『お前、いつになったら金を返すんだ。』、『年内に返さなかったら実家に電話してやるぞ。』と言った」との主張を付記する必要があるかである。筆者は、このような積極主張は予定主張明示義務の対象ではないと考えた。なぜならば、「『山田をぶっちめて金をとってこい。』等とは言っていない」との主張さえ明示されれば、12月1日午後11時30分頃の電話の内容を明らかにするための鈴木氏の証人尋問と被告人質問の必要性が明らかになる。それに加えて「それでは被告人が何と言ったのか」が明示されても審理予定の策定に影響はなく、そのような事実は「検察官主張事実の不存在の根拠となる重要な間接事実」に該当しないと考えられるからである。

他方、もし丁野氏の言い分が

 ㋑ 12月1日午後11時30分頃に鈴木氏と電話で話していない。

 ㋺ その当時、自分の携帯電話を友人の川村祐に貸していた。

という内容であった場合には、㋑の主張が前記分類「②ⓑ検察官が主張する重要な間接事実を争う主張」として明示義務の対象になるほか、㋺の主張が「②ⓒⅱ検察官主張事実の不存在の根拠となる重要な間接事実」として明示義務の対象になるだろう。なぜならば、丁野氏が川村氏に携帯電話を貸したかどうかに争いがある場合には、川村氏の証人尋問が必要になる可能性もあり、そのような主張は審理予定の策定に影響を及ぼす「重要な間接事実」にあたると考えられるからである。

9　検察官請求証拠に関する意見

弁護人は、予定主張記載書面を提出するのと同時期に、検察官請求証拠に関する意見を述べることになる（刑事訴訟法316条の16第1項）。

(1)　証拠意見を検討する視点

検察官請求証拠に関する意見を検討する際には、第3章の〈*Case* ③〉において確認したとおり、伝聞証拠には証拠能力が認められないのが原則であり、当該証拠書類を証拠とすることが不同意意見を述べるよりも被告人の利益になると判断される場合にのみ同意意見を述べるのが基本的な視点となる。

さらに、裁判員裁判では、証拠の取調方法も踏まえた判断が必要になる。

従来の刑事訴訟実務では、採用された証拠書類は要旨の告知（刑事訴訟規則203条の2）によって取り調べられるのが一般的であった。「甲〇号証は被害者の供述調書でありまして、内容はおおむね先ほど冒頭陳述で述べたとおりです」という程度の簡略な要旨の告知で済まされることも少なくなかった。そして、簡略な要旨の告知を聞くだけで証拠書類に記載されている情報を把握することはできないから、裁判官は、取り調べられた証拠書類を法廷の外で読み込んで心証を形成してきた。

しかし、裁判員裁判では、法廷の中で見て聞いたものに基づいて心証が形成され、法廷外で証拠書類を読み返すことは原則として予定されていない。したがって、要旨の告知による証拠調べは相当ではなく、採用された証拠書類はその全文が朗読されるのが一般的である（刑事訴訟法305条）。しかし、捜査段階で作成された書類の多くは、法廷で朗読を聞いてもその内容を理解することが困難である。

　そこで、裁判員裁判では、争いのない事実が記載されている証拠書類であっても、朗読によっては内容が理解されず、そして理解されないことが被告人にとって不利益になる場合には、不同意意見を述べて証人尋問によって立証させることを検討しなければならない。

　(2) 〈Case ④〉の証拠意見検討——被害者の供述調書

　〈Case ④〉では、共犯者とされる鈴木氏の供述調書（甲4）および丁野氏の概括的な自白が記載されている供述調書（乙2）について不同意意見を述べるべきことは明らかである。

　それでは、被害者である山田氏の供述調書（甲2）はどうすべきであろうか。

　山田氏に事前に面談することができて、

　○　山田氏が被害にあった状況などは供述調書に記載されているとおりであること
　○　山田氏が法廷で証人として供述するよりも供述調書が朗読されるほうが被告人にとって有利であること（たとえば供述調書よりも証人尋問のほうが強い処罰感情が伝わるなど）

をいずれも確認することができれば、同意意見を述べることになるだろう。しかし、〈Case ④〉では、山田氏に面談に応じてもらうことができず、上記の点を確認することができなかった。

　そこで、被害状況が供述調書記載のとおりであるかどうかは不明であり、供述調書に同意意見を述べることが不同意意見を述べるよりも丁野氏の利益

になると判断することはできなかったため、不同意意見を述べることとした。

なお、このように被害者の供述調書について不同意意見を述べることについては、法廷で生々しく被害感情を述べられることになり、被告人にとって不利益であるとの指摘がある。確かに、そのような指摘があたる場合も少なからずあり、被害者や遺族の供述調書に関する意見をどのように考えるかは一律に答えの出る事柄ではない。

最終的にはケースバイケースの判断にならざるを得ないが、検討にあたっては、被害感情についても供述調書では取調官の作文のおそれがあることや、供述調書について同意意見を述べても、心情等に関する意見陳述手続（刑事訴訟法292条の2第1項）や被害者等の手続参加（同法316条の33第1項）によって被害者が出廷する可能性のあることも踏まえる必要があるだろう。

(3) 〈*Case* ④〉の証拠意見検討──被告人の供述調書

丁野氏の身上経歴に関する供述調書（乙1）には、誤った記載はないが、どのような意見を述べるべきであろうか。

供述調書に誤った記載がない場合であっても、ニュアンスに取調官の主観が入り混じることは避けられない。他方、被告人質問を通じて被告人が自らの口で語れば、正確なニュアンスで被告人の身上経歴や事実経過を説明することができる。また、被告人質問を通じて被告人の人柄を理解してもらうこともできる。

そこで、記載内容に誤りのない被告人供述調書についても、安易に同意するのではなく、必要な事実は供述調書ではなく被告人質問によって明らかにするべきである。

そのような見地から、〈*Case* ④〉においても丁野氏の身上経歴に関する供述調書（乙1）について以下のとおり証拠意見を述べた。

> 同意しない。なお、乙1号証の記載内容のうち審理・判決に必要な事実は、被告人質問において被告人が供述する予定であり、被告人質問後

に取調べの必要性がなくなるから、公判前整理手続においては採否を留保すべきである。

なお、このような証拠意見を述べた場合には、被告人質問の際に、供述調書に記載されている事項のうち審理・判決に必要と認められる事項は、被告人にとって有利か不利かを問わず主質問で聞く必要がある。それを聞かなければ、公判前整理手続では採用が留保されても、被告人質問後に「取調べの必要はなくならなかった」として供述調書が結局採用される可能性がある。

10 検察官に対する主張関連証拠開示請求（第2段階の証拠開示請求）
(1) 主張関連証拠開示請求の要件

被告人側が予定している主張を明示すると、次に第2段階の証拠開示請求として、「主張関連証拠」の開示を請求することができる（刑事訴訟法316条の20）。

主張関連証拠開示の要件は、以下の2点である。

① 明示した主張に関連する証拠であること
② 関連性の程度その他の必要性の程度と弊害の内容および程度を考慮して開示が相当と認められること

①の要件にいう「主張に関連する」とは、事実の存在または不存在の証明に資することをいうとされている（辻裕教「刑事訴訟法等の一部を改正する法律について(2)」法曹時報57巻7号81頁）。

主張関連証拠開示請求にあたっては、類型証拠開示請求と異なり対象となる証拠について「類型」が限定されていないから、類型証拠としては開示されない証拠の開示を受けることが可能である。

たとえば、供述者の署名・押印のない供述調書は、類型証拠開示の対象に

なる「供述録取書等」にあたらないが（刑事訴訟法290条の3第1項参照）、被告人や共犯者の取調状況が問題となる場合に、署名・押印を拒否した供述調書は有益な資料になりうる。

(2) 〈*Case* ④〉の主張関連証拠開示請求書

〈*Case* ④〉では、【書式22】のような証拠開示請求書を提出した。

【書式22】 主張関連証拠開示請求書（〈*Case* ④〉）

平成24年（わ）第○○号　強盗致傷被告事件
被告人　丁野　四郎

主張関連証拠開示請求書

平成24年○月○日

○○地方検察庁　○○○○　検察官　殿

主任弁護人　宮村　啓太

刑事訴訟法316条の20に基づいて以下の証拠の開示を請求する。
第1　被告人の取調べの状況に関する証拠
　1　開示を求める証拠
　　　被告人の取調べが行われた際の状況及び被告人と取調官の発言内容が記載されている取調べメモ、備忘録、ノートその他の書面並びにそれらの事項が記録されている電子的記録媒体全て
　2　開示が必要である理由
　　　弁護人は、「被告人の平成23年12月○日付け供述調書は□□検察官による利益誘導によって作成されたものであり、任意性に疑いがある」との主張を予定している。そして、その根拠となる具体的事実として、□□検察官が「この程度の事件だし、俺が起訴したいのは鈴木だから、認めたらお前は不起訴にして釈放してやる。」と言ったとの主張を予定している。
　　　そして、上記証拠には被告人に対する取調べの状況が記載または記録されているから、それらはいずれも弁護人が主張を予定している上記事実の存在又は不存在の証明に資するものであり、主張との関連性及び開示の必

要性がある。
第2　鈴木久の取調べの状況に関する証拠
　1　開示を求める証拠
　　(1)　鈴木の取調べが行われた際の状況及び鈴木と取調官の発言内容が記載されている取調べメモ、備忘録、ノートその他の書面並びにそれらの事項が記録されている電子的記録媒体全て
　　(2)　鈴木の供述を録取した書面のうち署名及び押印のないもの全て
　2　開示が必要である理由
　　弁護人は、「11月1日午後11時30分ころに被告人が鈴木に電話をかけた際に被告人は『山田をぶっちめて金をとってこい』等と言った事実はない。」との主張を予定している。
　　しかるに、検察官は、鈴木の供述によって上記事実の存在を証明しようとしているから、鈴木に対する取調べの状況に関する上記証拠は、弁護人の上記予定主張に係る事実の存在又は不存在の証明に資するものである。すなわち、鈴木に対する取調べの状況が鈴木の供述に証明力があることを示すものであるとすれば、検察官の主張する上記事実の存在の証明に資するし、鈴木の供述に証明力がないことを示すものであるとすれば、上記事実の不存在の証明に資することになる。
　　よって、上記証拠について主張との関連性及び開示の必要性がある。
　　　　　　　　　　　　　　　　　　　　　　　　　　　　　以　上

　なお、取調べメモが証拠開示請求の対象となる「証拠」に該当することについては、最決平成19・12・25判例タイムズ1260号102頁を参照されたい。
　同決定が出るまでは、弁護人が取調べメモの開示を請求すると、検察官は「取調べメモは証拠開示の対象となる『証拠』ではない」との理由で開示に応じないのが一般的であった。
　しかし、最高裁判所第三小法廷は、「証拠開示制度の趣旨にかんがみれば、刑訴法316条の26第1項の証拠開示命令の対象となる証拠は、必ずしも検察官が現に保管している証拠に限られず、当該事件の捜査の過程で作成され、又は入手した書面等であって、公務員が職務上現に保管し、かつ、検察官に

おいて入手が容易なものを含むと解するのが相当である」と判示し、取調べメモが「証拠」に該当することを認めた。

11 弁護人からの証拠調請求
(1) 証拠調請求に関する留意点
さらに、弁護人から取調べを請求する証拠がある場合には、公判前整理手続中に証拠調請求をしなければならない。

公判前整理手続が終了した後は、「やむを得ない事由によって公判前整理手続……において請求することができなかったもの」を除いて、原則として証拠調請求が認められなくなる（刑事訴訟法316条の32第１項）。弁護人として公判前整理手続に臨む際に最も注意しなければならない点の１つである。

例外的に公判前整理手続終了後の請求が可能とされる「やむを得ない事由」が認められるのは、以下のような場合であるとされている。

① 公判前整理手続段階では証拠が発見されておらず、または証人の所在が不明であったなど、証拠調請求が不可能または困難であった場合

② 請求は可能であったが、公判前整理手続段階での争点および証拠の整理状況において証拠調請求をしない訴訟方針に合理性が認められる場合

たとえば、公判前整理手続が終了した後に示談が成立したような場合には、「証拠調請求が不可能であった」といえるから、「やむを得ない事由」は認められるだろう。

このように「やむを得ない事由」が認められる場合であっても、公判前整理手続終了後の証拠調請求は「やむを得ない事由」がなくなった後「できる限り速やかに」行わなければならないことにも注意しなければならない（刑事訴訟規則217条の31）。公判前整理手続が終了してから第１回公判までの間に追加証拠調請求が必要かつ可能になった場合には、第１回公判を待たずに、公判前整理手続を再開することを求めたうえで証拠調請求をすべきである。

(2) 証人尋問請求の立証趣旨に関する注意点

証人尋問の請求をするときには、立証趣旨を明示しなければならない（刑事訴訟規則189条1項）。

そして、証人尋問の請求をした後に追加で尋問事項が生じた場合に、裁判所に立証趣旨の変更を申し立てることがある。また、反対尋問の機会に自己の主張を支持する事項について尋問をする必要があるときには、新たな事項について尋問することの許可を申し立てることがある（刑事訴訟規則199条の5第1項）。こうした申立てが許可された場合には、証人が公判廷で供述する事項も変わることになるから、相手方に新たな反証の必要性を生じさせ、ひいては審理予定に変更を来す可能性がある。

そこで、証人尋問における立証趣旨の変更や反対尋問の機会における新たな事項の尋問にも、刑事訴訟法316条の32第1項ないしその趣旨が類推され、「やむを得ない事由」を要するとの見解がある。

こうした見解があることを踏まえて、公判前整理手続中に証人尋問請求をするときには立証趣旨を十分に吟味しなければならない。

また、検察官から請求のあった証人に対する尋問を通じて被告人側に有利な事項を引き出すことを予定しており、それが反対尋問の範囲（刑事訴訟規則199条の4第1項）に含まれないと考えられる場合には、公判前整理手続中に弁護人からも証人尋問の請求をしておくべきである。

したがって、公判前整理手続が終了するまでの間に、証人に対する尋問事項も被告人と十分に打ち合わせておく必要がある。

(3) 〈Case ④〉における証拠調請求の検討——検察官側証人の自己矛盾供述調書を請求することの要否

〈Case ④〉において弁護人から取調べを請求すべき証拠を検討しよう。

類型証拠開示請求をした結果、検察官が立証の柱としている鈴木氏の供述調書には以下のように変遷があることが明らかになった。

> ○ 逮捕当日の警察官調書
> 「事件の2日前に丁野と電話で話した際に、丁野から『山田をぶっちめて金をとってこい。』と指示されたのです」
> ○ 逮捕された5日後の検察官調書（**検察官が証拠調請求したもの**）
> 「事件の前日に丁野から電話があり、丁野から『山田をぶっちめて金をとってこい。』と指示されたのです」

　そこで、逮捕当日の警察官調書について、刑事訴訟法328条による弾劾証拠として証拠調請求しておく必要がないだろうか。公判前整理手続中に証拠調請求をしておかないと、「やむを得ない事由」による制限によって弾劾の機会を失ってしまうおそれがないかが問題となる。

　結論としては、公判前整理手続中に自己矛盾供述調書の証拠調請求をしておく必要はないと考えられる。〈*Case* ④〉においても証拠調請求はしなかった。

　なぜならば、公判供述を弾劾する証拠に取調べの必要性が認められるのは、①弾劾の対象となる供述が現に公判に現れ（すなわち弾劾の必要性が生じ）、かつ、②弾劾のためにその証拠の取調べが必要になったときであるが、公判前整理手続の段階では、弾劾の必要性も証拠調べの必要性もいずれも不明だからである。

　まず①については、証人が公判において検察官調書と異なる供述をすることは決してまれなことではないから、公判前整理手続段階では、不同意とした検察官調書に記載されている供述を弾劾する必要があるかは不明である。また、②については、検察官調書どおりに供述した場合にも、反対尋問を通じて自己矛盾供述による弾劾がなされれば、重ねて警察官調書を証拠として取り調べる必要はない。むしろ、弾劾の目的は、証人尋問の機会に矛盾が示されることによってこそ、効果的に達することができる。

したがって、公判前整理手続の段階では自己矛盾供述調書の証拠調請求をする必要があるかを判断することはできないから、証人尋問が終了した時点で弾劾の必要性と証拠調べの必要性が認められる場合には、「やむを得ない事由」が認められるべきである（日本弁護士連合会裁判員本部編『公判前整理手続を活かす〔第2版〕』96頁～97頁参照）。

⑷　〈*Case* ④〉における証拠調請求の検討──まずは反対尋問による弾劾

このように、鈴木氏の自己矛盾供述調書の証拠調請求はせず、まずは公判での反対尋問による弾劾をめざすことにした。

具体的には、主尋問で検察官調書どおりに供述した場合には、以下のような反対尋問を行うことにした。

〈鈴木氏に対する反対尋問事項案〉

> 弁護人：先ほど、事件の前夜に丁野さんから強盗の指示を受けたと証言しましたね？
> 鈴木氏：はい。
> 弁護人：丁野さんから指示を受けて、その翌日に山田さんを襲ったというのですね？
> 鈴木氏：はい。
> 弁護人：間違いありませんか。
> 鈴木氏：はい。
> 弁護人：ところで、鈴木さんは、逮捕された当日に、警察署で警察官の取調べを受けて事情を聞かれましたね？
> 鈴木氏：はい。
> 弁護人：逮捕されたのは、事件の3日後でしたね？
> 鈴木氏：はい。
> 弁護人：その日の取調べの際に、鈴木さんは事件の経緯について警察官に話しましたね？

鈴木氏：はい。
弁護人：丁野さんとの事件前のやりとりについても話しましたね？
鈴木氏：はい。
弁護人：そして、警察官は、鈴木さんから聞き取った内容を「供述調書」という書類にまとめましたね？
鈴木氏：はい。
弁護人：そして、警察官はその内容を読み上げましたね？
鈴木氏：はい。
弁護人：鈴木さんはその読上げを聞いて内容を確認しましたね？
鈴木氏：はい。
弁護人：そのうえで、鈴木さんは供述調書に署名捺印をしましたね？
鈴木氏：はい。
弁護人：鈴木証人の平成23年12月5日付供述調書を示します。まず末尾の署名捺印部分を示します。
　　　　この署名捺印は、鈴木さんのものに間違いありませんね？
鈴木氏：はい。
弁護人：警察官が内容を読み上げるのを聞いた後に、署名捺印したのですね？
鈴木氏：はい。
弁護人：それでは、この供述調書の3頁の2行目以降を読み上げますので、書かれているとおりに読み上げているかどうか確認してください。
　　　　「事件の2日前に丁野と電話で話した際に、丁野から『山田をぶっちめて金をとってこい。』と指示されたのです」
　　　　私は書いてあるとおりに読み上げましたね？
鈴木氏：はい。

こうして反対尋問を通じて自己矛盾供述による弾劾に成功すれば、重ねて自己矛盾供述調書の証拠調べを請求する必要はないだろう（このような自己矛盾供述による弾劾の手法と法律上の論点については、「特集328条――効果的な反対尋問のために」季刊刑事弁護81号29頁を参照されたい）。

　なお、筆者は、上記したような反対尋問事項を用意して公判に臨んだところ、反対尋問の最後の質問に対して「答えたくありません」と証言を拒否されてしまったことがある。その場合には、前述したとおり「やむを得ない事由」があるものとして、証人尋問が終了した後直ちに自己矛盾供述調書の証拠調べを請求するほかないだろう。

　他方、「証人尋問で自己矛盾をぶつけると弁解されてしまう可能性があるので、あえて証人尋問では聞かず、証人尋問終了後に自己矛盾供述調書の証拠調請求をするほうがよい」との意見を聞くことがある。しかし、証人尋問で聞く機会があったにもかかわらずその機会を放棄した以上は、もはや証拠調べの必要性はないとの見解に立つ裁判所がある。また、証人尋問で聞かないでおいて後から弾劾する手法は「フェアではない」と評価されるおそれもある。したがって、筆者はそのような手法をとることには賛成しない。

　この点について、名古屋高金沢支判平成20・6・5判例タイムズ1275号342頁は、証人尋問終了後になされた自己矛盾供述調書の取調請求について、刑事訴訟法316条の32第1項の「やむを得ない事由」は認められるとしつつ、証拠調べの必要性を判断する要素として「供述のくい違いに関し公判で十分な尋問がなされているか否か」が考慮されると判示している。

　(5)　〈Case ④〉の証拠調請求

　以上に検討したとおり、鈴木氏の自己矛盾供述調書の証拠調請求はせず、弁護人からは、自白の任意性を争う主張との関係で、被疑者ノートと弁護人の検察官に対する抗議書の2点のみを証拠調請求した。

　以上をもって、弁護人から、予定主張記載書面・証拠意見書・証拠調請求書を提出し、検察官と弁護人の主張・立証方針が出揃った。

12 公判前整理手続期日への被告人の出席

(1) 期日への出席に関する刑事訴訟法の規定

実務上、これまでにみてきた手続の流れに従って検察官および弁護人から裁判所に書面を提出し、検察官と弁護人の間で証拠開示に関するやりとりをしながら、随時、公判前整理手続期日において手続の進行状況や次になすべき行為の期限などを確認し、最後に期日において整理結果を確認する進行が一般的である。

被告人には、公判前整理手続期日に出席する権利があるが、出席の義務はない（刑事訴訟法316条の9第1項）。

そこで、期日に出席するかどうかについてあらかじめ被告人と打ち合わせて方針を定めておかなければならない。過去に、出席するかどうかを弁護人と被告人が打ち合わせておらず、被告人が拘置所職員の助言によって出席した事例があるので、注意を要する。

(2) 〈Case ④〉における対応

被告人が期日に出席することの当否に関しては、当事者である被告人は出席して手続に立ち会うべきであるとの考え方と、出席することにより裁判所による質問にさらされるおそれを回避すべきであるから、出席しないほうが望ましいとの考え方がある。

〈Case ④〉では、丁野氏は期日にすべて出席した。出席して手続の経過を自らの目で見ることを本人が希望したからである。丁野氏とは、手続中にもし裁判所から何らかの質問があった場合には「弁護人にお任せしています」とだけ答えることを打ち合わせていたが、裁判所が丁野氏に質問をする場面はなかった。

筆者も、被告人の出席についてはケースバイケースで判断しているが、これまでの経験では本人の希望で出席した例のほうが多い。

13 整理結果の確認・審理予定の策定

(1) 〈Case ④〉の争点整理結果

弁護人から予定主張記載書面と証拠調請求書を提出したところ、検察官は、被告人の自白調書の取調請求を撤回した。撤回した理由は不明であるが、もともと概括的な自白しか記載されておらず、証拠価値は高くないと考えていたのかもしれない。

これによって、公判での事実認定上の主たる争点は、「12月1日の電話で丁野氏が鈴木氏に『山田をぶっちめて金をとってこい。』と言ったかどうか」の1点に絞られることになった。

そして、検察官がその立証に供する証拠は鈴木氏の供述のみであり、鈴木氏の反対尋問に成功するかどうかが公判の帰すうを決することになった。

(2) 公判審理予定の策定

公判前整理手続では、公判審理の具体的な予定も定められる。その際には、証拠調べの順序も重要であるので、必要に応じて意見を述べなければならない。

〈Case ④〉の公判審理は以下のように予定された。

【1日目】

　午前：裁判員等選任手続

　午後：冒頭手続（5分）

　　　　検察官の冒頭陳述（20分）

　　　　弁護人の冒頭陳述（15分）

　　　　公判前整理手続の結果顕出（5分）

　　　　実況見分調書・診断書・通話状況分析報告書の取調べ（20分）

【2日目】

　午前：山田氏の証人尋問（90分）

　午後：鈴木氏の証人尋問（150分）

【3日目】
　午前：被告人尋問・主質問（90分）
　午後：被告人質問・反対質問・補充質問（90分）
　　　　戸籍の取調べ（1分）
　　　　被告人の身上経歴に関する供述調書の採否判断（5分）
【4日目】
　午前：論告・弁論・最終陳述
　午後：評議
【5日目】
　　　評議
【6日目】
　　　評議・判決宣告

　刑事訴訟規則198条の3は、「犯罪事実に関しないことが明らかな情状に関する証拠の取調べは、できる限り、犯罪事実に関する証拠の取調べと区別して行う」と定めている。
　その趣旨に鑑みて、弁護人は、「公判2日目には被害状況に関する証人尋問のみを実施し、被害感情に関する証人尋問は罪体に関する証拠調べが終わった後にされたい」との意見を述べたが、容れられなかった。
　同様の観点から、犯罪の成立を争う事件においては、被告人の前科にかかわる証拠などの取調べ時期に注意する必要がある。
　また、被告人質問については何度かに分けて行うことも可能であるから、たとえば自白事件において被告人質問後に被害者の心情意見陳述（刑事訴訟法292条の2第1項）が行われる場合には、その後に短時間の再度の被告人質問を実施するよう求めることも考えられる。

14 公判前整理手続中に申入れまたは確認をしておくべき事項

　裁判員裁判事件においては、その他に公判前整理手続終了までに申入れまたは確認をしておくべき事項が何点かある。

(1) 被告人の着席位置に関する申入れ

　裁判員法が施行されるまでの実務では、被告人の着席位置は弁護人の前方または証言台の後方とされるのが一般的であった。特に被告人が勾留されている場合には、戒護の必要性を理由に弁護人の隣に着席することが認められなかった。

　しかし、被告人は刑事訴訟の客体ではなく当事者なのであるから、本来、その着席位置は当事者席とされるべきである。さらに、連日開廷による集中審理に対応するためには、被告人と弁護人が証人尋問などの最中に機を逸することなく打合せをする必要が高い。

　そこで、裁判員の参加する刑事裁判に関する法律（裁判員法）施行を契機に、裁判員裁判対象事件に限ってであるが、勾留されている被告人が当事者席に座ることを認める運用も行われるようになっている。

　被告人の着席位置は、事件の審判を担当する裁判所の法廷警察権によって決せられるべき事柄と解されているから、その運用が一律に定められるものではないが（したがって、被告人が当事者席に座るのを裁判員裁判事件に限定する理由もなく、今後、裁判員裁判非対象事件への運用拡大が必要である）、上記したような運用がなされていることを踏まえて、裁判員裁判事件においては、被告人の着席位置を当事者席とするよう申し入れるべきである。そして、被告人が当事者席に座る場合には、戒護職員用の椅子を新たに用意する必要などが生じるから、公判前整理手続の段階で申入れをしておくべきである。

V 公判に向けた防御準備と公判前整理手続の進行　*177*

【書式23】　着席位置に関する申入書（〈*Case* ④〉）

平成24年（わ）第○○号　強盗致傷被告事件
被告人　丁野　四郎

着席位置に関する申入書

平成24年○月○日

○○地方裁判所　御中

主任弁護人　宮　村　啓　太

第1　申入の趣旨
　　公判廷における被告人の着席位置を当事者席（弁護人の隣）とされたい。
第2　申入の理由
　　被告人が当事者席に着座する必要性は高い。
　　連日開廷による集中審理では、被告人と弁護人が審理の状況に応じて機を逸することなく適時に打合せをする必要性が格別に高い。ところが、被告人が当事者席ではなく弁護人の前方に着座している場合には、打合せをするためには被告人が後方を振り返らなければならない。また、証拠を参照しながら打ち合わせることができない。
　　他方で、被告人が当事者席に着座することについて弊害はない。
　　よって、上記第1のとおり申し入れる。

以　上

---

(2)　勾留されている被告人の手錠・腰縄解除時期に関する申入れ

　また、裁判員裁判事件においては、勾留されている被告人が手錠・腰縄をされている姿が裁判員の目にふれないよう、裁判員が入廷する前に手錠・腰縄を解く運用もなされている。
　この解除時期も、事件の審判を担当する裁判所の法廷警察権によって決せられるべき事柄と解されるから、裁判員裁判事件においては弁護人から解除時期について意見を述べておくべきである。

【書式24】 手錠・腰縄解除時期に関する申入書（《Case ④》）

> 平成24年（わ）第○○号　強盗致傷被告事件
> 被告人　丁野　四郎
>
> 手錠腰縄解除時期に関する申入書
>
> 平成24年○月○日
>
> ○○地方裁判所　御中
>
> 主任弁護人　宮　村　啓　太
>
> 第1　申入の趣旨
> 　　被告人を戒護するための手錠・腰縄は、裁判員が入廷する前に解き、休廷・閉廷時においても裁判員が在廷している間は手錠・腰縄をしない措置を講じられたい。
> 第2　申入の理由
> 　　公判廷は、被告人が防御権を保障された当事者として主張立証を行う場である。その公判廷で手錠・腰縄で拘束された被告人の姿を裁判員が目にすることは、被告人に対する偏見をもたらすおそれがある。公平な裁判の保障の趣旨からそのような事態は避けるべきである。
> 　　そこで、裁判員が入廷する前に被告人の手錠・腰縄が解錠されている必要があり、休廷・閉廷時においても裁判員が在廷している間は手錠・腰縄をしないこととし、手錠・腰縄で拘束された被告人を裁判員が目にしないようにすべきである。
> 　　よって、上記第1記載のとおり申し入れる。
>
> 以　上

(3)　被告人の服装に関する確認

　従来、勾留されている被告人は、公判廷での服装を制限されてきた。具体的には、ベルト、ネクタイおよび靴の着用が認められなかった。

　しかし、刑事訴訟の当事者であることに鑑みれば、被告人が自ら望む服装で公判廷に出頭することが認められるべきである。参議院法務委員会の「刑

事施設及び受刑者の処遇等に関する法律の一部を改正する法律案に対する附帯決議」（平成18年6月1日）でも、「拘禁されている被告人が出廷する際には、逃走等の防止に留意しつつ、ネクタイ、ベルト、靴の着用等服装に配慮すること」の必要性が指摘されていた。

そこで、現在、裁判員裁判事件に限ってであるが、被告人が希望すれば拘置所がワンタッチ式ネクタイ（首に回さずホックなどで簡易装着するもの）や靴に近い外見のサンダルを貸与して公判廷での着用を認める運用を行っている。

これらの貸与を受ける場合には被告人から拘置所に申出をする必要があるので、あらかじめ被告人と打ち合わせておかなければならない。

また、スーツやワイシャツなどは貸与を受けることができないので、差入手続に要する時間も見込んであらかじめ余裕をもって差入れをしておく必要がある。

VI 公判審理に向けた準備

争点と証拠が整理され、公判前整理手続中になすべき確認と申入れも完了し、〈Case ④〉の公判前整理手続は終了した。裁判員裁判事件の場合には、裁判員の呼出手続に要する期間を確保する必要がある関係上、公判前整理手続が終了してから第1回公判までしばらく期間が空くのが通常である。

その期間中は、冒頭陳述から最終弁論までの訴訟活動のリハーサルを徹底的に行うべきである。特に冒頭陳述や最終弁論は、事務所の同僚・事務局・家族・友人などの前でリハーサルをして、公判前整理手続に関与していない裁判員にも理解される内容になっているかをチェックすべきである。

〈Case ④〉では、現在のところ以下のような冒頭陳述を考えている。

〈弁護人冒頭陳述〉（《Case ④》）

1．丁野さんは、強盗の指示などしていません。
　丁野さんは、逮捕されるまで、鈴木さんが山田さんを襲ってお金を奪ったことを知りませんでした。
　丁野さんは無罪です。

2．昨年2月15日、丁野さんは、鈴木さんに頼まれて20万円を貸しました。この頃、丁野さんは建設会社に勤めており、まだ生活に余裕がありました。
　ところが、6月に勤務先の建設会社が倒産してしまい、丁野さんはアルバイトで生計を立てるようになりました。収入が以前の半分程度になり、丁野さんの生活は苦しくなりました。
　しかし、鈴木さんからは、約束した6月末や9月末を過ぎても、貸したお金を全く返してもらうことができませんでした。

3．11月30日、丁野さんは、翌月分の家賃を払うことができませんでした。
　そんな丁野さんに、鈴木さんから電話がありました。「やっとお金を返してもらえるのかな？」、そう思いながら電話に出ました。
　ところが、鈴木さんは、「またお金を貸してくれないか」などと言うのでした。
　丁野さんに、お金を貸す余裕などあるはずがありません。丁野さんは、「まず20万円を返せ！」と言ってすぐに電話を切りました。

4．翌12月1日、お金に困った丁野さんは、山田さんにお金を貸してもらおうと考えました。
　丁野さんは、山田さんの仕事が終わる時間帯を見計らい、午後11時頃に京浜ストアを訪ねました。そして、通用口から出てきた山田さんに、「今月どうしても苦しいんだ」、「少しお金を貸してもらえないか」と頭を下げました。
　しかし、山田さんからは、「真面目に就職活動しないお前が悪いんだろ」、「金は絶対に貸さないからな！」と言われてしまい、借金を断られてしまいました。
　途方に暮れた丁野さんは、「鈴木に借金を返してもらうしかない」と思いました。そして、山田さんと別れてしばらくして、鈴木さんに電話をかけました。
　丁野さんは、電話に出た鈴木さんに、「お前、いつになったら金を返すん

だ、いい加減にしろ！」と言いました。丁野さんは、お金に困るあまり、強い口調で鈴木さんに借金を返すよう迫ってしまいました。

　しかし、丁野さんは決して、「山田をぶっちめて金をとってこい」とか、「それで借金を返せ」とは言っていません。「山田は午後11時ころに売上をもって店から出る」とも言っていません。

　丁野さんは、鈴木さんが強盗をする、しかも山田さんを襲うなどとは想像もしていませんでした。

5．その2日後の12月3日朝9時頃、丁野さんのアパートに鈴木さんが訪ねてきました。

　そして、鈴木さんから封筒を差し出され、「遅くなってすみませんでした」と頭を下げられました。封筒の中を見ると、22万円が入っていました。

　丁野さんは、「これでやっと家賃が払える」と安心しました。

　もちろん、このお金が山田さんから奪い取ったお金であるとは夢にも思っていませんでした。

　ところが、その1週間後、丁野さんは、身に覚えのない強盗致傷の疑いで逮捕されました。そして、鈴木さんが山田さんからお金を奪い取っていたことを初めて知ったのです。

6．検察官は、丁野さんが鈴木さんに強盗の指示をしたといいます。

　しかし、丁野さんは強盗の指示などしていません。

　刑事裁判では、検察官が、被告人とされた方の有罪を立証する責任を負っています。その立証は、常識に従って判断して、起訴状に書かれた罪を犯したことは間違いないといえる程度のものでなければなりません。有罪とすることに疑問が残る場合には、無罪とされなければなりません。

　検察官がこれから示す証拠によっても、丁野さんが強盗の指示をしたとみるには疑問が残ります。

　丁野さんは無罪です。

　丁野氏の視点から、「本当は何が起きたか」をストーリーの形式で語ろうとしたものである。

VII 〈Case ④〉のポイント——証拠開示請求権の活用

　〈Case ④〉では、公判前整理手続における争点整理を経て、共犯者とされる者の反対尋問が公判の帰すうを決する見通しとなった。

　そして、類型証拠開示請求の結果、その者の供述には変遷があることが判明した。公判での反対尋問では、自己矛盾供述による弾劾を試みることになる。

　しかし、もし類型証拠開示請求をひととおり行っていなければ、自己矛盾供述の存在に弁護人が気づかないまま公判審理を迎えることになっていた可能性がある。その場合には、反対尋問は決め手に欠けることになっていたかもしれない。

　公判前整理手続における証拠開示規定は全面証拠開示を認めるものではなく、いまだ不十分な点がある。しかし、現状の規定を最大限に活かせば、公判前整理手続が定められる以前よりも相当に広範な証拠開示を受けられるようになったのは事実であろう。自白事件であれ否認事件であれ、証拠開示請求権を最大限に活用することが重要である。

第3編 刑事弁護 Q&A

I 刑事事件の受任

Q1

拘置所に勾留されている方から、「私選弁護を引き受けてほしい」との手紙が届いた。差出人と面識はない。新たな事件を受ける余裕はないので、そのまま手紙を放置してもよいだろうか。

受任しなくてもよいが、受任しない旨を差出人に速やかに通知しなければならない。

解説

1 拘置所や警察署留置施設に勾留されている被疑者・被告人から、私選弁護を依頼したいとの手紙を受け取ることがある。

その場合に、弁護士には事件の依頼を受ける義務はないから、新たな事件を受ける余裕がなければ受任しなくても問題はない。

2 ただし、弁護士法29条および弁護士職務基本規程34条により、事件の依頼を受けたときは速やかに依頼者に諾否を通知することが義務づけられている。したがって、依頼を受けない場合には、その旨の返答を速やかに通知しなければならない。

通知の方法は限定されていない。手紙に「会って相談したい」と記載されている場合にも、接見することが必須ではない。もっとも、返答の趣旨について疑義が生じないようにするために、留置担当官を通じた伝言よりは書面による通知が望ましいだろう。

Q2

顧問会社の社長から、「今朝、従業員が電車内で痴漢に間違われて逮

捕されたようだ。早急に面会に行って彼を弁護してほしい」との電話があった。この事件の弁護を受任することは可能か。

A 受任することは可能である。
ただし、受任する場合には、将来、刑事事件以外の場面で会社と従業員に利害対立が生じる可能性があることや、守秘義務によって会社への情報提供は制限されることについて、あらかじめ会社および従業員本人に説明をして了解を得るべきである。

解説

1 顧問会社から、従業員、取引先、その家族などの刑事事件について相談を受けることがある。

そして、設問のケースのように、被疑事実が会社の業務と全く関係ない事件であれば、弁護士法25条および弁護士職務基本規程27条に定める「職務を行い得ない事件」に該当せず、受任することは可能であると考えられる。

ただし、将来、会社または従業員との間で信頼関係が崩れることがないようにするため、受任前に留意しておくべき点がある。

2 まず、将来的には刑事事件以外の場面で会社と従業員の間に利害対立が生じる可能性もあることに留意しなければならない。

社長からの電話では、「痴漢に間違われて逮捕された」とのことであったが、それは家族や警察を通じた伝聞情報である。本当に「痴漢に間違われた」のか、それとも、実は痴漢をしてしまったのか、接見してよく話を聞いてみなければわからない。

そして、被疑事実に間違いないことが判明した場合や、有罪判決が確定した場合には、会社は従業員の懲戒処分を行う可能性がある。そのようなときも、受任した刑事事件について会社と従業員に利害対立が生じ

るわけではなく、懲戒処分をめぐる事件の依頼をいずれからも受けなければ、弁護士法25条および弁護士職務基本規程27条違反の問題は生じないと考えられる。

しかし、刑事事件が起きて間もない段階では、会社も従業員も、将来を見通して考える余裕はなく、「他に知っている弁護士がいないのでとりあえず顧問弁護士に連絡した」ということが少なくない。

そこで、受任に先立って、会社および従業員の双方に将来的に両者間には利害対立が生じる可能性がある旨を説明し、そのことについての了解を得たうえで受任すべきであろう。そのような説明をすれば、会社または従業員のいずれかが「それであれば他の弁護士にお願いしたい」と言う場合がある。その場合には、他の弁護士を紹介するか、あるいは当番弁護士制度等を説明することになる。

3　さらに、従業員本人から刑事弁護を受任した後に、会社から、「本人の言い分はどうなのか？」、「取調べにはどのように対応している様子か？」などと問合せを受けることがある。会社が従業員の刑事事件についてできる限り状況を把握したいと考えるのは当然のことといえる。そして、会社としては、「顧問弁護士が弁護人になってくれれば、円滑に情報を提供してもらえるだろう」と期待しているかもしれない。

しかし、そのような問合せを受けたときに、刑事事件の依頼者である被疑者に対して守秘義務（弁護士法23条）を負っている以上、被疑者から了解を得た範囲でしか接見でのやりとりを会社に報告することはできない。

そこで、守秘義務との関係で情報提供が制限されることについても、受任に先立って会社に説明をしておくことが望ましい。そのような説明をせずに刑事弁護を受任して、会社の問合せに応じなかった場合には、顧問会社との顧問契約上の信頼関係に悪影響が及ぶおそれがあるだろう。

Q3

夫が購入した覚せい剤を夫婦で使用したという覚せい剤取締法違反被疑事件について、夫から、「夫婦2人の弁護人になってほしい」との依頼があった。2人とも覚せい剤を使用したことを認めているが、夫は「妻が『私にもくれ』と言うから分けてあげた」と供述し、妻は「使いたくないのに夫から強引にすすめられ、断ると怒られるので使ってしまった」と供述しているようである。2人の弁護を同時に受任することは許されるか。

許されないと考えるべきである。

解説

1　共犯事件において複数の被疑者・被告人の弁護を同時に受任することが許容されるかをめぐっては、原則として禁止されるとの見解と、具体的な利害対立が生じていない限り原則として許容されるとの見解がある。

弁護士職務基本規程28条3号は、「依頼者の利益と他の依頼者の利益が相反する事件」については、依頼者双方の同意を得ない限り職務を行ってはならないと定めている。そして、ここでいう「利益が相反する事件」のとらえ方について、共犯者間には原則として利害対立があるとみるべきか、あるいは共犯者であっても利害対立が具体的に顕在化していなければ受任を制限する必要はないとみるべきかをめぐって、見解の対立がある。

もっとも、設問のケースでは、妻が覚せい剤を使用した経緯という重要な情状事実に関して、双方の言い分が真っ向からくい違っており、両者間の利害対立がすでに具体的に顕在化している。したがって、「原則として許容される」との見解に立った場合にも、「辞任の可能性その他

の不利益を及ぼすおそれのあること」（弁護士職務基本規程32条）を説明して依頼者双方の同意を得るのでなければ、受任することが許されるとみる余地はないだろう。

2　それでは、そのような説明をして依頼者双方の同意を得れば、受任することが許されるのであろうか。

　弁護士職務基本規程46条は、弁護人は、被疑者・被告人の権利および利益を擁護するための「最善の弁護活動」に努めなければならないと定めている。しかし、設問のケースでは、夫の言い分に従った「最善の弁護活動」と妻の言い分に従った「最善の弁護活動」が両立しない。そのように依頼者の言い分に従った弁護活動をすることができないのでは、弁護人に課せられた最善努力義務が果たされたとは認められない。

　また、利害対立のある共犯者の弁護を同じ弁護士が受任することが将来の弁護活動に及ぼす影響について、被疑者・被告人が正しく理解して真摯な同意をするとは考えがたい。

　したがって、依頼者双方の同意を形式的に得たとしても、弁護士職務基本規程28条3号および46条に鑑みて受任することは許されないと考えるべきである。

3　なお、共犯事件においては、公訴事実についての意見が共犯者間で一致している場合にも、実行行為に至る経過や役割分担などの重要な情状事実に関して、必ずといっていいほど言い分にくい違いが生じる。起訴前段階では、検察官から証拠開示を受けておらず弁護人が接することができる情報が限られているため、利害対立がないように思われることもある。しかし、起訴後に検察官から開示された証拠を検討する過程で、言い分のくい違いと利害対立が顕在化することが少なくない。

　したがって、一見すると利害対立がみられないようなケースであっても、実務的な対応としては、複数の共犯者の弁護を同時に受任することには常に慎重な姿勢をとるべきである。

II 受任後の弁護活動

Q4

　傷害被疑事件の国選弁護を受任した。被疑者は20歳の男性であり、被疑事実を認めているが、暴行に至った経緯や暴行態様について被害者の供述とくい違いがあるようだ。初回接見の後に勤務先の社長に会ったところ、「50万円までなら私が準備するので、今すぐ被害者と示談交渉をしてきてほしい。彼の将来のためには、細かい言い分にこだわらずに1日も早く釈放させたほうがいい」と言われた。被疑者の了解を得ることなく示談交渉を始めても問題はないか。

　必ず被疑者の了解を得てから示談交渉を始めるべきである。

解説

1　刑事事件における示談交渉が国選弁護人の権限に含まれるかについては、権限に含まれるとの見解と、含まれておらず別に示談交渉の委任に関する合意が必要であるとの見解がある（私選弁護の場合は、委任契約における合意次第である）。

　しかし、いずれの見解によるにせよ、弁護人が「被疑者の代理人」として示談交渉を行うことに変わりはない。

　設問のケースでは、勤務先の社長が「彼の将来のためには、細かい言い分にこだわらずに1日も早く釈放させたほうがいい」と言って示談金の準備を申し出ている。そして、かりに弁護人としても社長の申出どおり速やかな示談交渉を進めることが被疑者の利益になると考える場合にも、被疑者本人がそれを望んでいるかどうかは不明である。暴行に至っ

た経緯や暴行態様について被害者の供述とくい違いがあることからすると、被疑者本人は示談による解決に納得しない可能性もある。

　したがって、示談交渉を行うことについては、必ず被疑者本人から明示的な了解を得るべきである。

2　さらに、示談交渉を始めた後、示談の条件についても、被疑者から明示的な了解を得なければならない（第2編第1章〈*Case* ①〉参照）。このことは通常の民事事件と全く同様であり、身体拘束されている被疑者とは打合せの機会をもちづらいからといって、被疑者の了解を得ていない条件で示談の合意や損害賠償金の支払いをすることは許されない。

　設問のケースでは、勤務先の社長が「50万円までなら私が準備する」と申し出ている。しかし、たとえば弁護人が社長から預かった金銭を損害賠償金として被害者に支払った場合に、それが社長の被疑者に対する貸付けまたは社長による第三者弁済と解釈されるとすると、社長の被疑者に対する債権（貸金返還債権または求償債権）が発生することになるから、この点からも被疑者本人の了解が必須であることは明らかである。

3　なお、現実には、被疑者本人と打合せをすることなく被害者との示談交渉に臨んでも、交渉が順調に進むとは考えられない。示談交渉では、被害者から「被疑者は反省しているのか？」、「被疑者は事件のことについてどのように話しているのか？」などの質問を受けることになるからである。

　したがって、示談交渉を開始するのに先立って被疑者とよく打ち合わせることが必要不可欠である。

Q5

　被疑者から「毎日接見にきてほしい」と言われており、接見に行かないと、翌日には留置担当官から「被疑者が接見を希望している」との連

絡がくる。被疑者の希望どおり毎日接見に行かなければならないか。

被疑事実に争いがある事件や、裁判員裁判対象事件等の重大事案など、毎日接見に行くべき事件もあるが、すべての事件で「毎日」接見に行くことが責務であるとまではいえないと考えられる。

解説

1 　身体を拘束されて連日のように取調べを受けている被疑者にとって、頼れる存在は弁護人のみである。したがって、被疑者ができるだけ頻繁に接見にくるよう希望するのは当然のことである。

　そして、特に被疑事実に争いがある事件や重大事案では、勾留期間中の取調べへの対応（供述するか、黙秘するか、供述調書に署名押印するか、署名押印を拒否するか）について助言をし、違法・不当な取調べがあった場合には機を逸することなく抗議をする必要性が高いから、毎日接見に行く必要がある。そのような事件の場合には、複数の弁護人で受任し、交代で接見に行く体制をとるべきである。

2 　他方で、被疑事実に争いがなく、重大事案とまではいえない事件では、「毎日」接見に行くことが必要不可欠であるとまではいえない。また、国選弁護人の複数選任が認められないため連日の接見は現実的に困難である場合がある。

　そのような場合には、毎日接見に行かなかったことをもって直ちに最善努力義務に違反するものではないだろう。

　しかし、そのような事件でも、接見の重要性に鑑みれば可能な限り多数回の接見をすべきであるし、被疑者に対しては、毎日接見にくることはできない旨を説明し、理解を得るよう努めるべきである。そして、上述したように被疑者が弁護人との接見を希望するのは当然のことであるから、何の説明もせず接見希望の連絡を無視するような対応は、被疑者

との信頼関係を維持するうえで問題である。

> **Q 6**
>
> 被告人から「時間があるので前から読みたかった本を差し入れてほしい。普通の書店には売っていない本なので、古本屋街をまわって探してきてほしい」と依頼された。この依頼を受けなければならないか。

そのような依頼を受けることが弁護人の責務であるとはいえない。

解説

1　勾留されている被疑者・被告人に定期的に面会にくる親族・知人がいない場合に、被疑者・被告人から、外部との連絡の取次ぎや生活必需品の差入れなどを依頼されることがある。

他に頼る者がいない被疑者・被告人がそれらの事項を弁護人に依頼したいと考えるのは無理もないし、被疑者・被告人の日常生活が安定し、心身の健康が保たれてこそ、防御に万全を期することができる。

したがって、弁護人には、身体が拘束されている状況下での被疑者・被告人の生活の安定と心身の健康を保持するために必要な限度での対応が求められていると考えられる。

2　もっとも、被疑者・被告人の度を超えた依頼にまで応じる必要はない。設問のケースでは、弁護人が古本屋街をまわることに時間を費やしたために、本来の弁護活動や接見に割く時間がなくなってしまうとすれば本末転倒である。

具体的にどの程度の依頼にまで応じるかは、被疑者・被告人のおかれた状況や、弁護人と被疑者・被告人の信頼関係の構築の程度（被疑者・被告人の要望をかなえたことが信頼関係構築のきっかけになることもあるし、

度を超えた要望まで聞くことが関係を歪めてしまうこともある）に鑑みて、ケースバイケースで判断することになるだろう。

Q7

共犯者とされるＡとの共謀の成否が問題になっている否認事件で、被疑者から、「以前にＡとの会話をメモした紙が手元にあるのだが、捜査機関に見られると誤解されてしまうような内容である。宅下げするので廃棄しておいてもらえないか」と依頼された。この依頼を受けてもよいか。

そのような依頼を受けるべきではない。

解説

1 被疑者が「捜査機関に見られると誤解されてしまうような内容である」と話していることからすると、問題のメモは、事件と何らかの関係のあるものであり、「証拠」にあたると考えられる。そのメモを被疑者から預かって廃棄する行為は証拠隠滅罪（刑法104条）の構成要件に該当し、廃棄したことについて違法性が阻却される余地もないだろう。

したがって、そのような犯罪行為を引き受けることはできないから、被疑者の依頼を断るべきである。

2 それでは、設問のように廃棄を依頼された場合とは異なり、脱税の嫌疑を受けている在宅事件の被疑者から、「会計帳簿を預けるので内容を確認してほしい」と依頼された場合はどうだろうか。

弁護活動の方針を立てるためには、依頼者から証拠を預かり、その内容を検討しなければならないことがある。そのようなことは、民事事件であれば日常的に行われている。

他方で、刑法104条の「隠滅」には、物理的に滅失させる行為のみならず、隠匿する行為も含まれると考えられる。そして、被疑者が所持していた証拠を弁護人が預かれば、捜査機関による発見が困難になるから、「隠滅」をしたと疑われる可能性があることには留意しなければならない。

したがって、被疑者から証拠を預かって検討してほしいと依頼された場合には、弁護活動を進めるために預かって検討する必要がある証拠なのか、預かるとしても写しを預かるのでは足りないのかについて、あらかじめよく検討すべきである。

Q8

自動車運転処罰法違反（過失運転致死）の被疑事実で勾留されている被疑者から、「助手席に乗っていたＡ（被疑者の会社の後輩）から話を聞けば、こちらが前方を見ていなかったのではなく、被害者が飛び出してきたことがはっきりするはずだ。Ａに会って話を聞いてきてほしい」と依頼された。この依頼を受けてもよいか。

依頼を受けてよい。

解説

1　弁護活動を進めるにあたって、参考人から直接事情を聞くのは、事実関係を把握するための最も有効な調査活動の1つである。弁護人が参考人と面談して事情を聞くこと自体は、何ら問題のない正当な弁護活動というべきである。

2　ただし、そのようにして弁護人が参考人と面談することについて、捜査機関からいわれのない非難を受けることもある。設問のケースでは、

弁護人が面談しようとしている相手は被疑者の会社の後輩であり、捜査機関から「弁護人が参考人に口裏合わせをもちかけている」などと疑われるおそれもある。

そこで、面談の際には、万が一にも不正行為をしたと疑われる言動をしないよう、細心の注意を払うべきである。また、複数の弁護人で面談に臨み、面談場所として密室を避けるなど、ケースバイケースで公正さを疑われないようにするための工夫をするとともに、相手方の了解を得てやりとりの内容を録音しておくことも考えられる。

さらに、将来、その参考人が公判で証人になったときに、検察官から「被疑者の言い分に合わせた供述である」などと主張されて信用性を争われる可能性があるのであれば、初期の面談では参考人に被疑者の言い分を伝えず、かつ、誘導せずにオープンな質問だけで聞取りを進めて、その内容を録音しておくことが有効な場合もある。

III 守秘義務に関する留意点

Q9

接見の際に、被疑者から「故郷の父親に電話して『逮捕されてしまったけれども元気にしている』と伝えてほしい」と頼まれた。そこで、電話をかけてみたところ、父親から事件の内容についていろいろな質問を受けてしまった。質問に答えても問題はないか。

被疑者・被告人の家族に対してであっても、接見で聞き取った内容を伝えるためには、事前に被疑者・被告人の了解を得て守秘義務の解除を受けなければならない。

解説

1 勾留されている被疑者・被告人から外部への連絡を依頼されることは少なくない。そのような外部交通を担うことも弁護人の責務の1つである。

そこで、被疑者・被告人から依頼されたとおり家族や知人などに連絡をとると、必ずといってよいほど、「どんな事件で逮捕されたのですか？」、「具体的に彼は何をしたのですか？」、「彼は罪を認めているのですか？」、「これからどうなるのですか？」と多くの質問を受ける。突然「弁護士」を名乗る者から電話を受けて「○○さんは逮捕されました」などと告げられた側からすれば、さまざまな質問をしたくなるのは当然のことである。

そのような質問を受けて、接見で被疑者・被告人から聞き取った内容を話そうとする場合にも、守秘義務を負っていることを忘れてはならない。質問に答えることについて、被疑者・被告人から事前に了解を得て守秘義務の解除を受ける必要がある。

安易に「被疑事実の内容はいずれわかることだから、家族に話しても問題はないだろう」などと判断してはならない。弁護人から被疑事実の内容を聞いたことをきっかけとして被疑者と家族の関係が悪化すること（たとえば家族から「そんなことをしたのであれば、もう彼とは連絡をとりたくありません」と言われてしまうことなど）もあり得るので、十分に注意しなければならない。

したがって、外部に連絡することについての依頼を受ける場合には、連絡相手から受けることが予想される質問に対してどのように答えるかについて、事前に被疑者・被告人と打ち合わせて了解を得ておく必要がある。

2 なお、同様のことは、被害者との示談交渉や参考人との面談に臨む際

にも問題になる。

　示談交渉の際に、被害者から「彼に前科はあるのですか？」、「勤務先はどんな会社ですか？」などと尋ねられることがある。そのようにして質問されたことに答えなければ示談交渉を円滑に進めることはできないかもしれないが、そうかといって、被疑者・被告人の了解を得ずに前科の有無・内容や勤務先を答えることは許されない。示談交渉に臨む場合にも、どのような質問を受ける可能性があるかをあらかじめ想定しておき、被疑者・被告人とよく打ち合わせておく必要がある。

Q10

起訴後に公判前整理手続に付された事件で、裁判所から、「予定主張記載書面」を提出する期限を指定された。そこで、弁護人は期限に間に合うよう検討を進めたのだが、被告人の言い分が接見のたびに変わるため、予定主張を確定することができないまま期限を過ぎてしまった。公判前整理手続期日の席上、裁判所から期限を守らなかったことを責められ、その理由を問われたので、接見での被告人とのやりとりの状況を明らかにしても問題はないか。

　接見でのやりとりの状況を明らかにすべきではない。

──────────────── **解説** ────────────────

1　「被告人の主張が接見のたびに変遷している」との事情は、被告人の主張の信用性を減殺する事情になるから、弁護士法23条および弁護士職務基本規程23条によって守秘義務の対象とされる「秘密」に該当する。それを受訴裁判所に明らかにすることは、守秘義務のみならず最善努力義務（弁護士職務基本規程46条）との関係においても問題である。

したがって、裁判所に対しては、接見でのやりとりの状況を明らかにすることなく防御準備に時間を要する旨を説明し、理解を求めるよう努めるべきである。

弁護人の訴訟活動の経過や内容について不適切な点があるかのような指摘を受けた場合に、弁護人としては接見の経過を説明して弁明したい気持ちになることがあるかもしれない。しかし、受訴裁判所の面前で被告人に不利益な言動をすることについて、「正当な理由」（弁護士職務基本規程23条）は通常認められないものと考えられるから、接見の経過を明らかにすることは避けるべきである。

2 ちなみに、設問のようなケースの場合には、最終的には、被告人との打合せを通じて「認める」との方針が定まらない以上は、「争う」との予定主張を明示し、検察官請求証拠については、「同意する」との方針が定まらない以上は、「同意しない」との意見を述べることになるだろう。

また、被告人との打合せが難航することが予想される場合には、余裕をもった期限設定となるようにあらかじめ意見を述べておくことも重要である。

●事項索引●

【あ行】

委任契約書　20

【か行】

開示しない理由　150
開示証拠の目的外使用禁止　109
確定日付印　72
起訴・不起訴の判断事由　43
起訴状謄本の入手　96
求釈明の申出　138
供述書　31
供述調書の証明力　146
供述録取書　31
　　――の作成方法　69
　　――への確定日付の取得　71
供述を録取した書面　31
刑の一部執行猶予制度　112
原裁判の執行停止の申立て　37
検察官請求証拠に関する意見　161
検察官請求予定証拠　108
　　――の検討　114
検察官の意見書　104
検察官の立証活動　110
現場の確認　73, 153
権利保釈　99
抗議書　79
口頭主義　7
公判審理予定の策定　174
公判の流れ　109
公判前整理手続　7, 132
　　――に付する請求権　132
公判前整理手続終了後の証拠調請求
　167
勾留執行停止申出　42
勾留質問　24
勾留状謄本交付請求　38, 88
勾留請求　24
勾留取消請求　42

勾留の裁判に対する準抗告申立て　40
勾留の必要性　23
勾留要件　22
勾留理由開示の請求　38
告訴取消書　49
告訴の取消し　44

【さ行】

最終陳述　121
最善努力義務　4
再度の保釈請求　107, 125
裁判員裁判の公判　132
裁判官面接　104
裁量保釈　99
自己矛盾供述調書の証拠調請求　169
自室証拠調主義　6
示談交渉　44
示談書　48
　　――の調印　50
質問方法　16
自白事件における類型証拠開示請求
　152
主張関連証拠開示請求の要件　164
主張の変遷　135
守秘義務　2
準抗告審の構造　41
準抗告の申立て　37, 88, 107
証拠意見の見込みの通知　117
証拠一覧表交付制度　144
証拠開示請求権　7
証拠開示請求書　165
証拠開示請求に対する回答書　151
証拠開示命令の申立て　151
証拠書類の検討　118
証拠調請求　132
　　弁護人からの――　117, 167
証拠調請求書　119, 141
証拠物たる書面　108
証拠保全請求　75, 78

――の管轄裁判所　83
――の要件　80
証拠保全請求書　83
　　――に記載すべき事項　82
証人尋問請求　168
　　――に対する意見　116
　　――の立証趣旨　168
証人の選定　117
証明予定事実記載書　138
身上関係の聞取り　19
人定質問　113
接見での被疑者とのやりとり　2
接見に持参する物　14
訴訟活動の準備の過程　112
訴訟活動のリハーサル　179

【た行】

逮捕前置主義　23
逮捕手続の適法性　23
直接主義　7
陳述書　30
追加証拠調請求　167
伝聞証拠　114
電話聴取報告書　27
取調べが録画・録音される場合　61
取調べ状況の聞取り　19
取調べ全過程録画・録音の申入れ　67
取調べに臨む方針　59
取調べメモ　166

【な行】

任意の証拠開示　116

【は行】

判決謄本の交付請求　128
被害者の連絡先　46
被害者の供述調書　162
被疑者が外国人である場合　15
被疑者国選弁護制度　9
被疑者ノート　66
被疑者の所在確認　14

被告事件についての陳述　113
被告人質問　121
被告人の供述調書　163
被告人の着席位置　176
被告人の手錠・腰縄解除時期　177
被告人の服装　121, 178
不起訴処分告知請求　50
不利な事実の聞取り　18
弁護士会照会　153
弁護士法23条の2に基づく留置場出入記
　録の確認　153
弁護人からの証拠調請求　117, 167
弁護人選任届　19
　　――の提出先　19
弁護人の資格を証明する資料　20
防御方針　135
報道機関の取材　2
保護観察付執行猶予　128
保釈失効　124
保釈請求書　100
　　――の添付資料　103
保釈の運用　8
保釈の請求　98
保証金の金額　104
保証金の納付　106

【ま行】

身元引受書　27
模擬取調べ　66

【や行】

予定主張記載書面　159
予定主張の明示すべき対象　157
予定主張の明示対象　158
予定主張の明示方法　158
予定主張明示義務の趣旨　157

【ら行】

リスト開示制度　144
類型証拠開示請求書　147
類型証拠開示請求の要件　145

〔著者略歴〕

宮 村 啓 太（みやむら　けいた）

弁護士（宮村・井桁法律事務所）

（略　歴）

平成13年	中央大学法学部卒業
平成14年	弁護士登録（第二東京弁護士会）
平成17年	日本弁護士連合会「裁判員制度担当」嘱託（〜平成19年）
平成20年	日本弁護士連合会「司法改革調査室」嘱託（〜平成28年）
平成22年	早稲田大学大学院法務研究科非常勤講師（〜平成30年）
平成25年	東京大学大学院法学政治学研究科法曹養成専攻（法科大学院）客員准教授（〜平成31年）
令和2年〜	司法研修所刑事弁護教官（〜令和5年）

（著　書）

『実務に活かす Q&A 平成28年改正刑事訴訟法等のポイント』（共著。平成28年・新日本法規出版）、『公判前整理手続を活かす〔第 2 版〕』（共著。平成23年・現代人文社）、『ガイドブック裁判員制度』（共著。平成18年・法学書院）

（主な論文）

「接見交通(2)――接見指定の内容」刑事訴訟法判例百選〔第10版〕（平成29年）、「刑訴規則27条 1 項ただし書にいう『特別の事情』」平成24年度重要判例解説（平成25年）、「裁判員裁判における証拠調べ」法学セミナー681号（平成23年）、「裁判員制度と刑事司法改革課題の現状」自由と正義62巻 8 号（平成23年）、「実務最前線①裁判員裁判における証拠開示」ロースクール研究17号（平成23年）、「ある『家族間殺人事件』での弁護活動」法学セミナー677号（平成23年）、「公判前整理手続の進行をめぐる留意点」自由と正義61巻 4 号（平成22年）、「裁判員裁判大づかみ――捜査から公判まで(上)(下)」自由と正義60巻 6 号・7 号（平成21年）、「刑事事件と報道――弁護人の立場から」刑事法ジャーナル15号（平成21年）、「社員が裁判員になったときの会社の対応 Q&A」企業実務652号（平成20年）

事例に学ぶ刑事弁護入門〔補訂版〕
──弁護方針完結の思考と実務

平成30年2月5日　第1刷発行
令和5年11月26日　第3刷発行

定価　本体2,100円＋税

著　　者	宮村　啓太	
発　　行	株式会社　民事法研究会	
印　　刷	株式会社　太平印刷社	

発 行 所　株式会社　民事法研究会
　　　　〒150-0013　東京都渋谷区恵比寿 3-7-16
　　　　〔営業〕TEL 03(5798)7257　FAX 03(5798)7258
　　　　〔編集〕TEL 03(5798)7277　FAX 03(5798)7278
　　　　https://www.minjiho.com/　　info@minjiho.com

落丁・乱丁はおとりかえします。ISBN978-4-86556-203-3　C3032 ¥2100E
カバーデザイン　関野美香

最新実務に必携の手引

― 実務に即対応できる好評実務書！ ―

2022年11月刊 依頼人からの相談や相手方との交渉などの具体的なやりとりから解決に至る思考を追体験できる！

事例に学ぶ建物明渡事件入門〔第2版〕
──権利実現の思考と実務──

個人保証における極度額の設定の義務化など、民法のルール変更や新たなコラムを追録し、さらに使いやすく改訂！ 新たに「民法改正の影響」の章を加筆し、保証人への情報提供義務や、賃貸借契約の更新と民法のルールの適用関係をわかりやすく解説！

弁護士 松浦裕介・弁護士 岩本結衣 著

（Ａ５判・248頁・定価 2,970円（本体 2,700円＋税10％））

2015年3月刊 具体事例を通して、解決までの手続を豊富な書式を織り込み解説！

事例に学ぶ相続事件入門
──事件対応の思考と実務──

相談から事件解決まで具体事例を通して、利害関係人の調整と手続を書式を織り込み解説！遺産分割協議・調停・審判、遺言執行、遺留分減殺請求、相続財産管理人、相続関係訴訟、法人代表者の相続事案まで事例を網羅！

相続事件研究会 編

（Ａ５判・318頁・定価 3,300円（本体 3,000円＋税10％））

2018年3月刊 相談から裁判外交渉、訴訟での手続対応と責任論、損害論等の論点の分析を書式を織り込み解説！

事例に学ぶ損害賠償事件入門
──事件対応の思考と実務──

名誉毀損、医療過誤、喧嘩闘争、ペットトラブル、介護施設事故、いじめ、漏水、スポーツ、リフォーム、著作権侵害、弁護過誤等を収録！ 弁護士、司法書士等に向けてセルフＯＪＴの役割を担う１冊！

損害賠償事件研究会 編

（Ａ５判・394頁・定価 3,960円（本体 3,600円＋税10％））

2021年1月刊 相談から解決までの思考プロセス、訴状起案、裁判経過までを対話方式を通して平易に解説！

事例に学ぶ行政事件訴訟入門〔第2版〕
──紛争解決の思考と実務──

行政不服審査法の全面改正に合わせて、不服申立てに関する解説を充実させ10年ぶりに改訂！ 新たに「遺族厚生年金不支給決定取消訴訟」を収録したほか、不作為の違法確認訴訟、処分取消訴訟、不利益処分の事前差止め、実質的当事者訴訟を収録！

野村 創 著

（Ａ５判・284頁・定価 2,970円（本体 2,700円＋税10％））

発行 **民事法研究会**

〒150-0013　東京都渋谷区恵比寿 3-7-16
（営業）TEL. 03-5798-7257　　FAX. 03-5798-7258
http://www.minjiho.com/　　info@minjiho.com

検事・大学教員の経験から理論と実務を考察！

裁判例に学ぶ
刑法各論Ⅰ
［個人的法益編］

元検事・法政大学名誉教授・弁護士　須藤純正　著

A5判・386頁・定価3,850円（本体3,500円＋税10％）

▶判例集による事案と判旨の読み込み、基本書による学説の理解、逐条解説による条文の解釈の三つの要素を、検事や大学教授としての経歴をもつ弁護士が、一冊にコンパクトにまとめた実務にも役立つユニークな手引書！

▶最近の裁判例を中心に事例を詳しく紹介しており、法学部生、法科大学院生、司法試験受験生など刑法各論を学ぼうとする初学者が、刑法に親しんで楽しく基礎力と応用力を身につけるのに最適のテキスト！

▶実際の刑事裁判において刑法を自ら実践する若手弁護士などの法律実務家が、犯罪の成否を左右する刑法各論のポイントと刑事訴訟法の論点を深く理解して刑事弁護のスキル向上をめざすにも最適の書！

▶細かい学説の対立に分け入らずに実務を重視し、判例・通説の立場からコンパクトに解説するとともに、元検事である著者が詳細な事例の紹介と事案の構成要件への丁寧なあてはめをしており、司法試験の論文試験対策や刑事弁護の実務に役立つ！

☆続巻予定
【2024年春頃予定】　裁判例に学ぶ刑法各論Ⅱ［社会的法益・国家的法益編］
【2024年夏頃予定】　裁判例に学ぶ刑法総論

本書の主要内容

【個人的法益編】
第1章　生命に対する罪
第2章　身体に対する罪
第3章　自由に対する罪
第4章　秘密・名誉に対する罪
第5章　信用・業務に対する罪
第6章　財産に対する罪

HPの商品紹介はこちらから↓

発行　民事法研究会

〒150-0013　東京都渋谷区恵比寿3-7-16
（営業）TEL. 03-5798-7257　FAX. 03-5798-7258
http://www.minjiho.com/　　info@minjiho.com